일론머스크의 명언과 삶
그리고 약간의 프랑스어

목 차

머리말 ·· 1

I. 일론 머스크 ·· 7

II. 불가능은 없다 ··· 13

III. 포기하지 말자 계속 밀어 붙여라 ································ 21

IV. 실패를 두려워하지 말라 ·· 31

V. 앞서 나가려면 열심히 일해라 ······································· 35

VI. 물리학과 인과관계를 소중히 여기자 ··························· 41

VII. 피드백과 질문을 중요시하라 ·· 45

VIII. 협업과 집단조화는 리더쉽의 근원이다 ························ 51

IX. 바깥으로 외연을 넓히자 ·· 57

X. 주식시장을 이해하고 투자를 이해하며 살아야 한다 ···· 65

XI. 전기차와 배터리에 대한 생각들 ··································· 77

XII. 코로나, 인공지능과 미래에 대한 생각들 ····················· 89

XIII. 천재는 역시 괴짜다 ·· 93

XIV. 그의 생애 특히 어린 시절의 소회 ····························· 101

XV. 다른 인물들에 대한 평가와 대립, 친화 ····················· 107

XVI. 부록 ··· 113

〈 머리말 〉

위인과의 거리를 가까이 하라

그게 바로 성공의 지름길이다. 그런데 우리가 그 위인의 머릿속에 들어가지 않는 한은, 그 사람의 발언에서 그 사람의 생각을 읽을 수밖에 없다. 그래서 그가 말한 명언은 위인 탐구에서 중요하다. 위인을 봐야 꿈도 품어진다. 그러려면 그를 더 가까이 봐야 한다.

위기 일수록 지도자가 필요하다

사업을 하건 무엇을 하건 위기가 아닌 사람이 어디 있는가? 또 위기가 없는 조직이 어디 있는가? 그럴수록 그 리더쉽이 필요하다. 그것을 명언에서 얻어 보자.

위대한 인물과 대화를 나누고 가정교사를 삼으라

이러한 난세일수록, 위대한 인물과 대화를 나누고 가정교사를 삼으라. 그러면 당신의 삶은 나아질 수밖에 없다. 우리가 무엇인가를 배울 때 제일 좋은 방법은 그 분야를 제일 잘 아는 사람을 직접 앉혀놓고 배우는 게 제일 좋다는 식의 이야기를 많이 하지 않는가? 우리 시리즈는 그런 마음으로 인생과 사업을 배우게 하는 시리즈이다.

팬쉽은 그 인물에 대한 이해에서 나온다

팬쉽은 그 인물에 대한 이해에서 나온다. 그래서 정확히 알아야 한다. 그래서 그 인물의 말과 글을 음미함은 중요하다

관련 인물에 대한 커멘트도 담았다

관련 인물 즉 주변 인물들이나 경쟁 인물에 대한 커멘트도 달수 있는 대로 달았다.

그러면서 외국어를 익히면 금상첨화

이러면서 외국어를 같이 익히면 금상첨화이다. 그런 생각으로 이 시리즈는 제작이 된다.

모든 명구에는 [명언 커멘트]가 있다

모든 명구에 대해서 [명언 커멘트]를 달고 여러분들이 좀 더 잘 이해하게 해설을 달았다. 거기에 추가고 해설할 부분이 있으면 [명언 플러스]를 붙였는데 [명언 플러스]가 첨삭된 것도 있고 없는 것도 있다. [명언 플러스]에 주로 나오는 내용은 관련 원리 등 좀 더 우리가 탐구해볼 내용에 대해서 담았다.

해당 인물이 한 말이 아닌 것은 따로 화자를 기록했다

책의 주제로 하는 해당 인물이 한 말이 아닌 것들도 관련성이 있으면 소개가 되었다. 그런 것들은 그 화자(speaker)를 적어두었다.

〈 일론 머스크 〉

아이언맨

아이언맨의 실제 주인공이다. 특히 슈퍼맨이 아니고 아이언맨임에 대해서 주목해야 한다. 그는 원래 보통사람이다. 슈퍼맨은 태어날 때부터 초인으로 태어났지만 말이다.

평가는 갈려도

그에 대한 평가는 갈려도 역시나 아주 매력적인 사람이다. 감정적이면서도 솔직하고 꾸밈이 없다. 그래서 더 그를 연구하고 알아볼 필요가 있다.

하루에 재산이 13조가 불어난 사람

테슬라의 S&P 500 진입으로 그의 재산은 하루밤새 13조가 늘었다고 한다. 참으로 일반사람으로서는 꿈도 못 꿀 세계이다.

머스크가 좋은 말만 한 것도, 테슬라에게 좋은 일만 있던 것도 아니다

물론 머스크가 아주 현인이고 선한 현자라서 좋은 말만 한 것도 아니다. 그리고 테슬라에게 좋은 일만 있었던 것도 아니다. 그러나 생으로서의 그를 배우자. 그런 모든 것을 배우자. 우리 연구진이 도와드리겠다.

〈 이 책의 프랑스어 〉

프랑스어는 서구 문화의 베이시스

정말로 베이시스이다. 미국인들도 지성인들은 기본적으로 프랑스에 대한 관념을 깔고 살아간다. 대한민국을 이끌어가는 리더이자, 지성인이라면 (영어는 필수이거니와) 프랑스어를 유창하게까지는 몰라도 읽을 수 있는 정도, 혹 그게 아니라면 그래도 대략 아는 척은 하는 정도래도 까지는 해야 한다는 게 우리 연구진의 지론이다.

제2외국어에 대한 작은 계기

취업이나 사업에서 외국어, 그것도 영어를 벗어난 제 2외국어를 구가함은 굉장히 큰 매력으로 작용한다. 여러분들의 제 2외국어에 대한 관심을 조금이라도 넓히는 계기가 되면 저자 연구진으로서 감사하겠다.

영어 부분의 처리

우리나라에서 자주 인용이 되거나 영어표현이 의미가 큰 것은 영어표현을 실어서 같이 대조하거나 원문을 볼 수 있도록 하였다.

I. 일론 머스크

1. 일론 머스크의 배경과 철학

1) 일론 머스크의 삶

그는 출생은 남아프리카에서 태어났다. 일론 머스크는 에롤 머스크와 메이 머스크 사이의 자녀 2남 1녀 중 장남이다. 일론 머스크는 아버지를 "끔찍한 인간(a terrible human being)"이라고 언급했다. 그의 아버지가 얼마나 또 엉뚱한지 하나의 예가 있다. 그의 아버지 에롤 머스크는 72세의 나이에 42살이나 어린 자신의 의붓딸과 연인으로 발전해 아이까지 얻었다.

좌우지간 그 후 소년시절 미국으로 왔고. 인터넷 IT 창업 붐을 타고 스탠퍼드 응용물리학박사과정을 들어갔다가 2일 만에 자퇴하고 벤처 창업을 해 성공하고 큰돈을 번다. 그 기업은 바로 '페이팔'이다. 그 돈으로 어떤 사람은 투자자가 되기도 하는데(피터틸) 그는 그 돈을 분산해서 전부 투자한다. 그래서 만든 회사가 '솔라시티' '테슬라' 그리고 '스페이스 엑스'이다.

일론 머스크의 첫번째 부인은 저스틴 머스크다. 둘은 2000년에 결혼했고 첫 아들을 10주 만에 신생아 돌연사 증후군으로 잃었다. 이후 쌍둥이, 세쌍둥이를 출산해 5명의 아들이 있다. 그녀는 작가로 활동 중이며 둘은 2008년에 이혼했다. 일론 머스크의 두 번째 부인은 영국의 여배우인 탈룰라 레일리이다. 그녀는 영국 드라마 닥터 후, 영화 오만과 편견, 토르 등 다수 출연했다. 둘은 2010년에 결혼, 2012년에 이혼 했다가 2013년에 다시 재혼 후 2016년에 다시 이혼했다. 지금 일론 머스크는 그라임스와 미결혼 상태에서 아이를 낳았다. 그녀는 캐나다 가수이자 프로듀서이며 둘 사이에 2020년 5월 4일에 아들을 낳았다. 일론 머스크의 나이는 47세이며, 그라임스는 출산 당시 30세이다.

2) 성공만 한 것은 아니다

화려한 이력은 사실 무수한 실패의 산물이었다. 그의 삶은 실패의 연속이라 할 정도 많은 고비를 넘겼다.

1995년 넷스케이프 취직에 실패했고, 동생과 설립했던 소프트웨어사(社) 'Zip2'의 최고경영자(CEO)에 오르길 꿈꿨으나 무산됐다. 2000년에는 페이팔 CEO직에서 쫓겨났다.

2002년에는 스페이스X를 야심차게 설립했지만 우주개발사업에 필수적인 로켓 매입부터 결코 쉽지 않았다. 2006년 처음 로켓 시험발사를 시도했으나 실패했고 이듬해, 그리고 그다음 해에도 결과는 같았다. 게다가 2007년 테슬라의 전기차 '로드스터' 시제품은 '가장 큰 실패작'이라는 평가까지 받았다. 2014년에는 테슬라 전기차인 '모델S'에서 배터리 화재가 발생하며 주가가 폭락했다. 설상가상으로 2015년 로켓 시험이 잇달아 실패했다.[1]

그는 이런 시련들을 극복하고 다시 우뚝 섰고, 계속 앞으로 달려가고 있다.

쉬어가는 이야기 : 머스크의 이름의 어원

musk 는 원래 '사향'의 의미를 가진다. 우리가 아는 사향나무, 사향노루 할 때의 사향이다. 그런 독특한 냄새가 나는 것을 의미한다.

---

[1] 뉴스1 18년 2월 8일

2. 일론 머스크의 철학과 목표

  1) 머스크 스스로의 철학과 목표

(1) 들어가기

분명 테슬라는 이제 S&P 500에도 편입이 될 만큼 미국인 아니 전 세계인들에게 의미가 있는 회사가 되어버렸다. 거기에는 이 경영주 일론 머스크의 개인적 퍼스낼리티와 컬러도 무시를 하지 못한다. 그래서래도 더욱더 그의 철학과 목표를 알아봄은 의미가 크다.

(2) 그의 꿈: 지구 외로 인간을 보내기

지구 외로, 즉 우주로 인간을 보내는 것은 그의 오랜 꿈이다. 참으로 돈이 많이 들고 어려운 일인 텐데 말이다. 그래서 그는 로켓공학도 독학을 했다고 한다.

  2) 우리에게 던지는 머스크의 메시지 분석하기

(1) 물리학 내지는 인과관계에 충실하라

천재들은 세상을 물리학적으로 모든 데에 능숙하다. 아인슈타인도 그랬다. 그 물리적 관계의 기본은 바로 인과관계에 충실한 것이다

(2) 재미있게 살아라

그가 다소 궤변을 늘어놓고 트위터에서 소위 '저지르는' 것으로도 유명하다. 심지어 어느 라디오 방송을 하면서는 마리화나를 피기도 했다. 이런 것들을 천재의 일탈적 행동으로 볼 수도 있지만, 우리 연구진은 그게 바로 그가 아이언맨답게 사는 것으로 보고 싶다.

(3) 한계를 염두에 두지 마라

그는 특히 자신의 회사와 조직원들에게 한계를 염두에 두지 말라는 식의 메시지를 많이 던진다. 그 자신도 그랬지만 주변에도 그것을 강조한다. 그래서 그 자신도 그렇지만 그의 조직원들, 회사 직원들도 연구의 한계, 발명의 한계를 깨서 혁혁한 발명을 해내는 사례를 자주 업계에 보고한다.

(4) 구체화

이런 내용들을 구체화 시키는 것은 그의 발언들이다. 이제 다음 파트에서는 본격적으로 그의 발언에 대해서 집중조명해서 보기로 한다.

쉬어가는 이야기
: 자퇴는 천재들의 상징

1. 기본 의미

수많은 천재들이 미국에서 학교를 다니다가 자퇴를 하고 창업을 하는 사례들이 많다. 머스크도 그런 것에서 예외는 아니고 말이다. 특히 미국은 실용을 중시하는 분위기가 강하고 우리나라처럼 '꼭 명문대를 나오지 않아도'라는 식의 학벌우선주의가 덜한 점이 있기 때문에 그렇다. 그런데 주목할 것은 요즘은 좀 그런 경향이 미국도 다소는 희박해져 가고 있다고 한다. 그것은 아무래도 교육과 산업의 결합이 강화가 되는 부분도 크다고 본다.

2. 머스크의 말

그런 부분에 대해서 일론 머스크는 아주 당당히 말한다. '난 사람들이 교육과 지능을 혼동하는 게 싫다. 당신은 대학을 졸업하고도 여전히 바보일 수 있다.' 이런 자신감이 있기에 천재들은 자퇴를 하는데 있어서 주저함이 없는 것이다.

II. 불가능은 없다

1. "어떤 문제를 풀기 시작할 때부터. 가능하리라 생각하진 않습니다. 하지만, 하다보면 길이 열립니다. 가능성은 만들어지는 겁니다."

Dès le début de la résolution d'un problème. Je ne pense pas que ce soit possible. Cependant, cela ouvre la route. Des possibilités sont faites.

[명언 커멘트]

하다보면 된다는 것은 아마도 많은 사회인들이 느끼는 부분이 있을 것이다. 공감한다는 의미이다. 해보지 않으면서도 주저앉는 것은 너무 허망하지 않는가? 그래서 일론 머스크는 늘 매력적이다.

[명언 플러스] 정말로 불가능은 없다

   1) 기본 의미

세상에 불가능한 일이 왜 없겠는가? 예를 들어서 무한동력 엔진을 만든다던지 늙지 않고 영원히 산다던지 하는 물리의 에너지 법칙에 어긋나는 일을 하는 것들 따위 말이다. 그런데 그런 것들 말고 인간이 하는 것, 인간의 심리가 하는 것들, 이런 것은 개개인 자신의 마음먹기와 노력에 따라서 달렸다.

2) 경제현상에서

경제에서도 어느 업계에 1위 업체가 있고 후발들이 따라 붙으면, 당연히 상식적으로는 제품 개발, 유통 등 여러 가지 것을 모두 갖춘 업체가 그 뒤를 이어받아 주도권을 쥘 것 같은데, 늘 보면 뭔가 혁신을 내세운 회사가 그 바통을 이어받는 경우가 많다. 유통업계로 치면, 신세계나 롯데가 일등을 하면 그 다음 일등은 애경이라든지, 다른 유통사들이 더 유리한 입장인 듯해도 쿠팡과 같은 다른 혁신을 들고 온 회사가 전체 1등을 이어받는 경우가 다반사이다. 그러니 일을 하는 사람들 또는 투자를 하는 사람들은 '우린 안 돼. 돈도 없고, 빽도 없어서.' 이런 말을 하지 말도록 한다. 절대로 불가능은 없다.

3) 바이든의 경우

바이든이 결국 트럼프를 꺾고 대선에서 이겼다. 그런데 사실 대통령 선거는 20년 11월 초에 있었고. 20년 3월 정도만 해도 바이든이 이렇게 일종의 우승을 하리라고는 아무도 예상하지 못했다. 물론 그 중간에 코로나 등의 극적인 사태가 있었지만 좌우지간 첫 민주당경선에서 바이든은 나중에 결국 사퇴한 군소후보들에게도 뒤졌으니 말이다. 아래의 신문기사를 보자. 20년 2월의 기사이다.

3일(현지시간) 2020년 미국 대선 레이스의 출발점이자 '대선의 풍향계'로 불리는 민주당의 '아이오와 코커스'에 이변이 속출했다. 이번 코커스에서는 조 바이든 전 부통령과 버니 샌더스 상원의원의 접전이 예상됐다. 하지만 선거구 현장의 분위기는 전혀 달랐다. 샌더스 의원은 1위를 지켰지만, 바이

든 전 부통령은 엘리자베스 워런 상원의원과 피트 부티지지 전 인디애나주 사우스벤드시장에게 밀려 사실상 4위를 기록한 것이다. [2]

이러고 나서 그 캠프는 분위기가 어땠을까? 대통령이 될 줄 알았을까? 그러니 늘 명심하라. 인간이 하는 일에서 불가능이란 없다. 자연이 하는 일, 신이 하는 일이라면 모를까 만은……

쉬어가는 이야기
: 머스크의 이기심

프랑스어 속담에 'Chaque cure prie Dieu pour sa paroisse. 모든 본당 신부는 자기 본당을 위해 기도한다.' 이런 속담이 있다. 이 속담은 '누구나 자신의 이익을 위해서 노력한다.'는 의미이다. 머스크는 과연 누구를 위할까? 정말로 공익을 위해서 우주 개발을 이야기 할까? 본인이 아니면 알 수 없는 노릇이다.

---

[2] 서울신문 20년 2월 4일

2. "첫번째 단계는 무언가를 가능하게 만드는 것이고 그런 후에 가능성이 생긴다."

La première étape consiste à rendre quelque chose possible, puis la possibilité se présente.

[명언 커멘트] 뭐래도 해야 가능성이 나온다

그러니 가만히 있는 사람은 정말로 바보다. 그래서 제일 바보 같은 사람은 남의 성공을 보면서, '저거 나도 그전에 생각했었어.'하고 말하는 사람이다.

2-1. "하늘을 나는 차를 만드는 것은 어려운 일이 아니다. 어떻게 그것을 정말 안전하고 조용하게 만드느냐가 중요하다. 그게 해결되지 않으면 사용자들을 행복하게 하지 못할 것이다."

"I've thought about it quite a lot... We could definitely make a flying car ? but that's not the hard part... The hard part is, how do you make a flying car that's super safe and quiet? Because if it's a howler, you're going to make people very unhappy." [Business Insider, June 9, 2014]

Faire une voiture qui vole dans le ciel n'est pas difficile. Comment le rendre vraiment sûr et silencieux est important. Si cela ne fonctionne pas, les utilisateurs ne seront pas satisfaits.

[명언 커멘트] 하늘 날기가 그의 눈에는 보인다

우리 보통 사람에게는 하늘을 나는 자동차가 낯설고 어렵지만 그와 같은 천재의 눈에는 바로 보인다. 그게 다른 점이다.

쉬어가는 이야기
: 광학의 힘을 깨달아라

광학의 힘을 깨달아라. 앞으로 우리를 둘러싼 기술들이 발전을 하면 어떤 방향으로 나가게 될까? 그중의 두 가지 큰 방향을 소개하자면, 하나는 광학이고 또 하나는 데이터이다. 광학은 말 그대로 빛을 이용해서 기술을 개발시키는 것을 의미한다. 이미 광전자학은 많은 연구가 되었고 우리나라는 OLED에서는 세계적 수준을 구축했다. 앞으로도 이 광학은 더욱더 발전을 하게 될 것이다. 관심을 더 기울여라. 광학을 이용하면 심지어 투명인간에 대한 생각도 실현이 가능하다.

3. "바구니에서 어떤 일이 벌어질지 통제가 가능하다면 달걀들을 바구니에 보관하는 것이 좋다."

Si vous contrôlez ce qui se passera dans le panier, c'est une bonne idée de garder les œufs dans le panier.

[명언 커멘트] 불가능은 언제 어디서 없어지는가?

그가 생각하는 '불가능이란 없다'는 그 또는 우리가 통제가 가능한 세상에서의 불가능과 한계의 문제를 늘 염두에 두고 생각해야한다는 것이다.

III. 포기하지 말자 계속 밀어 붙여라

1. "정말 중요하다고 생각하는 어떤 일이 있다면 그것을 계속 밀고 나가야 합니다."

S'il y a quelque chose que vous pensez être vraiment important, vous devez continuer à le pousser.

[명언 커멘트] 불같은 추진력

일론 머스크는 화끈한 성격대로 불같은 추진력을 가지고 있다. 우주 개발에 대해서도 그런 입장을 견지하고 있다. 주변에서 뭐라도 해도 말이다. 밀어붙인다.

[명언 플러스] 아이디어 양치기

  1) 의미

제목이 의미하는 것은 양치기 즉 '양'으로 승부하라는 의미를 가진다. 뭔가의 아이디어를 짜낼 때, '그냥 하다보면'이 아니라, 개수 개념을 좀 가지고 하다보면 어느 정도에 이르러 뭔가 결과치가 나온다. 아주 똑같지는 않아도 1만 시간의 법칙의 결과물과 유사한 요소가 있다. 즉 아이디어가 안 나오면 그게 특정된 주제이건, 그냥 일반주제이건 지속적으로 노력해서 뭐든지 적어보라. 단 그때 주의할 것은 반드시 가급적 개수를 매겨야 한다는 것이다.

2) 개수의 의미와 명명의 의미

늘 우리 연구진은 명명의 소중함을 강조한바 있다. 그러니 그냥 아이디어를 나오게 하는 것을 무작정 나오게 할 게 아니라 나오는 아이디어에 일련번호를 매겨서 적다보면 어느 새인가 좋은 아이디어가 나오게 되는 것을 자연스럽게 느끼게 된다.

3) 일론 머스크와의 비교

일론 머스크 같은 사람이 100번에 걸쳐서 뭔가를 생각해냈다면 나는 좀 그 사람보다는 모자니까 1000번째 아이디어 정도에서 나오게 하겠다는 식의 겸손한 마음으로 접근을 하다보면 못나오는 아이디어가 없을 것이다. 그래서래도 그런 정량적인 개념이 중요하다.

4) 결국 두뇌는 무한엔진

우리가 그 잠재력을 잘 활용하고 발휘를 하지 못해서 그렇지 두뇌는 무한엔진이다. 즉, 그 한계를 모른다. 다 각자가 하나씩을 소유하고 있지 않은가? 잘 활용하라. 노력여하에 따라서 당신의 인생이 달라진다.

쉬어가는 이야기
: 서비스에서도 한계를 넘어서는 테슬라

테슬라 차량을 구입한 사람들은 가끔씩 자고 일어났더니 자신의 차량에 새로운 기능이 생긴 걸 발견하곤 한다고 한다. 즉 서비스센터 차량을 맡겼다가 찾아올 때면, 새로운 버전의 부품으로 교체되어 있는 식이라는 것이다. 이것도 또한 혁신이다. 즉 소유한 차량이 이렇게 계속해서 좋아진다는 건 이전까지는 생각하지도 못했던 일 아니겠는가? 물론 그래서 차량 가격이 비싸기는 하지만 말이다.

2. "어떤 일이 충분히 중요하다고 생각한다면, 성공 가능성이 낮을지라도 뛰어들어라."

Si vous pensez que quelque chose est assez important, même si vos chances de succès sont faibles, sautez.

[명언 커멘트] 중요성에 따라서 움직여라

머스크의 일하는 방식의 특징은 중요성에 대한 파악을 잘한다는 점이다. 그가 시장에서 필요로 하는 것에 대해서 기민하게 대응을 해서 나오게 하는 배경에는 그러한 중요성에 따라서 움직이는 측면이 크다는 것이다. 그래서 그는 이렇게도 이야기를 한다.

"정말 중요한 일이라면, 다른 생각을 가지고 있더라도, 당신은 그 일을 계속 해야 하는 것이다." 라고 말하기도 했다.

[명언 플러스] 카카오톡 성공전략 (일단 던져놓고 조금씩 증보해나간다)

  1) 의미

카카오톡 성공전략이란 이렇다. 지금은 완전히 우리의 생활에서 자리 잡은 카카오톡이지만 처음에 출발은 불안했다고 한다. 다만 앞서의 실패를 여러 번 맛보고 나서의 운영진의 결론은 '처음부터 너무 완전한 것을 만들려고 뜸들이지 말자는 것'이었다고 한다. 그러다가 시간을 놓쳐서 시장을 뺏기는 경우가 많았다는 것이다. 실제로 카카오톡이 나오기 전에 김범수 의장이 내어놓은 몇 가지의 플랫폼 상품들은 다 실패했다. 회고하기를 너무 시장에서 완전하다는 평가를 받을 때까지 뜸을 들였다는 측면이 컸다고 한다. 일단 내어놓고 시장의 반응을 보는 게 중요하다는 것을 차후에 깨달았다는 이야기이다.

2) 일단은 던져놓고 좀 더 기다려 보면서 자꾸 추가를 시킨다

(1) 의미

물론 완전할지 여부를 결정하는 것 그리고 어느 정도가 그래도 최소한의 조건인지도 따지는 게 애매하다. 그러기에 일단은 과감해지자.

(2) 쿠팡의 경우

쿠팡도 처음에는 적자투성이라고 했지만. 특히 코로나 사태를 통해서 약진하고 지금도 전진 중이다. 그러면서 점점 더 모델을 다듬어 가고 있다. 처음부터 완벽히 잘 만들려고 했다면 론칭은 어림도 없다.

3. "인내는 아주 중요하다. 억지로 포기를 강요당하지 않는 한, 결코 포기하지 말라."

Persistence is very important. You should not give up unless you are forced to give up.

La patience est très importante. N'abandonnez jamais à moins d'être obligé d'abandonner.

[명언 커멘트]   자유롭다면 포기하지 말아라

사실 우리나라도 그간의 억압적 사회 분위기에서 많이 자유화되었다. 정치 민주화, 사회 민주화도 다 그런 영역이 될 것이다. 그러기에 누구인가가 나를 억매지 않는다면 우리가 어디에 억매여 있을 이유는 없다. 자유롭다면 포기하지 말고 살아라.

[명언 플러스]   애플의 스티브 잡스의 노력에 대한 명언

스티브잡스는 말했다. "어떤 일이 순조롭게 진행된다면 또 다른 멋진 일을 시작하라" "계속 갈망하라"고 말이다. 천재들은 일벌레이기도 했지만 그런 노력이 결국은 무엇인가를 이루게 한다.

4. "테슬라에 들어온 이후 회사에 대한 대중의 관심과 회사 내부 변화의 속도가 예상을 뛰어넘는 수준이다. 때문에 자신의 미래에 대해 다시 생각하게 됐다."

-테슬라에 합류했던 회계 책임자 데이브 모턴

Depuis qu'il a rejoint Tesla, l'intérêt du public pour l'entreprise et le rythme du changement au sein de l'entreprise ont dépassé les attentes. Cela m'a fait penser à nouveau à mon avenir.

[명언 커멘트] 정신없이 돌아가는 테슬라

지난달 6일 테슬라에 합류한 회계책임자 데이브 모턴이 불과 한 달 만에 회사를 떠나겠다고 밝힌 것도 테슬라 주가 급락에 영향을 준 것으로 나타났다. 현지 언론들은 회계전문가인 모턴이 회사의 격변을 지켜보면서 '있을 곳이 아니라는' 판단을 내린 것으로 보인다고 분석했다.[3]

실제로 테슬라는 2015년 이후부터는 거의 매일 미국 신문의 경제면에서 빼놓지 않고 언급이 된 회사이다. 주가의 널뛰기, 신기술개발, 신차개발과 그에 대한 매출감소와 증가의 뉴스들이 줄을 이었다. 거기에 언제 어떻게 터질지 모를 불같은 CEO 가 버티고 있으니 바람 잘 날이 없는 회사였다. 거기서 말 그대로 굴러들어온 돌인 회계책임자 CFO 는 어지러울 수밖에 없었을 거다. 특히 재무를 담당하는 자리는 보수적으로 운영하고 그런 시각을 가질 수밖에 없었을 테니 말이다. 그래서 저기에 소개한 앞의 말도 그가 회사에 대한 불만을 아주 우회적으로 표현한 말일수도 있다.

---

[3] 머니 S 18년 9월 28일

쉬어가는 이야기
: 어쩌라고 하는 심정으로 읽는 게 정확한 요건 효과적 읽기다

1. 기본의미

'요건 효과적으로 읽어라' 하면 피상적으로는 그 의미를 알아듣는데, 그게 실제적으로는 어떻게 적용이 될지에 대해서는 감이 오지 않는다. 그래서 실제적으로 이야기 하는 게 아주 다독의 많은 양의 글, 아티클을 빨리 읽어야 할 때는 '어쩌라고?'하는 마음으로 읽어보자. 그러면 자연스럽게 뇌가 교통정리를 잘 해주면서 글이 쏙쏙 머리에 박히는 체험을 하게 된다. 그렇게 읽어라.

2. 삼성임원의 예

아주 쉬운 예를 통해서 여러분들의 리딩 속도를 빠르고 좀 더 정확하게 해줄 방법을 강화시켜 본다. 결론은 어쩌라고 하는 식으로 속마음으로 읽기이다. 만약에 여러분이, 아니면 좀 쉽게 생각해서 우리 연구진이 삼성전자 임원진들 앞에서 강의를 한다고 해보자. 또 그것을 노량진의 대학생 수험생들에게 강의를 한다고 가정해서 비교를 해보자. 같은 내용을 강의해도 후자의 노량진 학생들은 거부감 없이 '학원에서 알아서 좋은 강사가 좋은 강의를 했을 것이다.'라고 생각하고 편하게 받아들이려고 한다. 그런데 전자는 아니다. '아, 바쁜데 얼마나 대단한 사람이 강의하기에 우리 임원을 불러?'하는 식의 마음일 것이다. 그래서 임원들은 기본적으로 팔짱을 끼고 '당신이 얼마나 잘하나 보자.'하는 마음으로 들을 것이다. 그때의 마음이 바로 '어쩌라

고?'하는 마음이다. 그런데 흥미로운 것은 후자보다 전자가 훨씬 더 지식에 대한 습득도가 높더라는 사실이다.

3. 거칠게 용감하게 읽어야 한다

결론은 어떤 아티클, 그것도 아주 길고 꼭 잘 해독해서 머리에 넣어야 하는 아티클을 읽을 때는 '어쩌라고'하는 마음으로 거칠고 용감하게 용맹하게 읽어야 한다. 그렇다고 '용맹' 이런 말은 생각하지 말고, 아주 간단히 '어쩌라고?'하는 마음만 먹어라.

IV. 실패를 두려워하지 말라

1. "실패도 하나의 선택지다. 일들이 실패하고 있지 않다면, 충분히 혁신하고 있다고 할 수가 없다."

Failure is an option here. If things are not failing, you are not innovating enough.

L'échec est une option ici. Si les choses n'échouent pas, vous n'innovez pas assez.

[명언 커멘트] 혁신의 조건

여기서의 선택지라는 표현은 옵션이다. "실패는 하나의 옵션이다. 만약 당신이 실패를 겪지 않는다면 충분히 혁신적이지 않다는 거다."라고도 번역된다.

[명언 플러스] 긍정적으로 생각하면 자신이 이득이다

뜻은 당연하니까 소개하지 않고 사례를 소개한다. 제목은 '밤의 여관의 도난'이다. 어느 분이 이런 이야기를 해주신다. 어느 지방에 출장을 가서 여관에 묵었는데 자신이 문단속을 철저히 하지 않고 자서 그랬는지 아침에 일어나보니 옷들이 흩어져 있고, 지갑이 오픈되어 있고, 현찰이 도난이 되었다고 한다. 약 30만 원가량의 현찰이 탈탈 털려서 여관주인에게 항의 아닌 항의를 하고 2만원을 융통해서 어렵사리 서울로 다시 왔다고 한다. 기분이 아주 안 좋았지만 다시금 생각해보니 그 도둑을 새벽에 만났으면, 즉 잠이 깨어서 마주쳤다면, 그래서 도둑이 들고 있던 칼이라도 자신에게 찔렀으면 어땠을까 생각하니 간담이 서늘해지면서 그나마 위안이 되더라고 한다. 인생은 생각하기 나름이다.

쉬어가는 이야기
: 양이 질을 만든다

양이 질을 만든다. 포기하지 말라. 대부분의 인생 포기자, 실패자는 그 양이 충분히 쌓이기도 전에 '아, 나는 이것도 아닌가봐.'하고 포기를 하는 경우가 많다.

2. "저는 로켓에 관해서 정말 아무것도 몰랐습니다. 뭔가를 만들어 본 적도 없습니다. 그런 제가 로켓 사업에 뛰어들어서 성공할 확률이 얼마인지를 물어본다면, 아마 모두 저를 미쳤다고 생각했을 겁니다."

Je ne savais vraiment rien des fusées. Je n'ai jamais rien fait. Si vous m'aviez demandé quelles étaient les chances de se lancer dans le secteur des fusées et de réussir, j'aurais pensé que tout le monde était fou.

[명언 커멘트] 태연한 게 바보인가, 천재인가?

우리가 시험을 보면서도 지나치게 태연한 사람들을 볼 때가 있다. 정말로 태연한 것인지 아니면 그렇게 행동하는 것인지는 모를 일이다. 그래도 분명한 것은 그런 태연한 사람들은 딱 둘로 나뉜다는 것이다. 하나는 아주 천재이던지, 아니면 하나는 아주 바보이던지 말이다.

V. 앞서 나가려면 열심히 일해라

1. "경쟁하지 않는다. 다만 앞서 나갈 뿐이다."

Je ne suis pas en compétition. Je vais juste de l'avant

[명언 커멘트] 경쟁이 두렵거나 자신 없는 사람은 새 영역개발로 그것을 극복한다.

사실 경쟁을 좋아하는 사람은 거의 없지만, 그래도 유난히 경쟁을 싫어해서 거기에 대해서 아주 혐오 정도를 가지는 사람들 중에 아주 현명히 그것을 이겨내는 사람을 본다. 그런 사람들은 경쟁을 하는 영역을 옆으로 잠시 빼어두고 완전히 새로운 영역을 개척해낸다. 그래서 그 영역에서 앞서 나간다. 혹자는 그럴 수 있다. 그게 결국 경쟁을 이기는 것 아니겠냐고 말이다. 그러나 그리 볼 수도 있고, 그렇게 안볼 수도 있다. 좌우지간 이 책을 읽는 당신도 경쟁이 지나치게 싫다면 늘 새로운 앞서나갈 영역을 생각해보라. 일론 머스크는 미터 틸과의 페이팔에서도 그랬었다.

쉬어가는 이야기
: 패밀리 레스토랑은 왜 점점 사라지는가?

1. 기본 의미

경영학적으로 내지는 사업상 전략에서 참으로 생각해볼게 많은 요소이다. 일단 많이 사라진 사실 자체에 대해서는 그다지 논하지 않겠다. TGI나 아웃백, 베니건스 등 2000년대 후반만 해도 줄서서 먹던 그 레스토랑들이 왜 없어졌을까? 그에 대해서 좀 더 면밀히 따져 보면 사업의 원리가 보인다.

2. 주머니가 팍팍해짐

주머니, 특히 젊은 사람들의 주머니가 팍팍해졌다. 그런 데를 안가면 애인도 서운하게 생각하던 때가 있었는데 주머니 사정이 얇아지니 아주 경제적으로 윤택하지 않은 젊은이들은 언감생심이다.

3. 신선함이 사라짐

과거엔 삼겹살 외식이 주였는데 패밀리 레스토랑을 경험한 커플이나 가족에게는 그게 하나의 신선함이고 충격이었다. 그러나 신선함은 부부사이처럼 오래 갈수록 매력이 떨어지는 법이다. 변화가 없다면 발전도 없다. 그런데 그런 변화를 보여주지 못했다.

2. "정말 열심히 일해라. 일주일에 80시간~100시간가량 투입해야 한다. 이게 성공에 가까이 가게 해줄 것이다. 만약 다른 친구들이 일주일에 40시간을 투입하고, 당신이 같은 일은 100시간을 투입하게 되면, 당신은 1년이 걸릴 일을 4개월 만에 달성할 수 있을 것이다."

Work like hell. I mean you just have to put in 80 to 100 hour weeks every week. [This] improves the odds of success. If other people are putting in 40 hour work weeks and you're putting in 100 hour work weeks, then even if you're doing the same thing you know that… you will achieve in 4 months what it takes them a year to achieve.

[명언 커멘트] 1만 시간의 법칙

'한우물 파기'와 같은 표현처럼 '1만 시간의 법칙'이라는 말이 많이 회자된다. 무엇인가를 이루려면 반드시 1만 시간 정도의 노력 투자와 집중력이 필요하다는 것이다. 꼭 숫자적으로 1만 시간이 아니래도 같은 맥락에서 머스크는 이야기를 하고 있는 것이다. 그런데 한우물이 꼭 좋은 것만은 아니다. 그래도 인생에서 이런 시간이 있는 게 좋다. 도전해볼만한 가치가 있다.

[명언 플러스] 정말로 열심히 일해라

특히 젊을 때 고생은 사서도 한다는 꼰대식의 이야기가 아니더라도 나중이 되어서 젊을 때를 회상해보면 자신이 무엇인가에 1만 시간을 투자한 것이 있으면 얼마나 찬란한 기억이 될까? 열심히 일해라.

3. "'테슬라가 또 적자를 냈다'가 아니라 '테슬라가 예상을 뛰어넘고 이익을 냈다'는 제목이 나온다면, 투자자들이 우리에게 투자하도록 설득하기는 훨씬 쉬워진다."

Si le titre 'Tesla dépassait les attentes et réalisait un profit' plutôt que 'Tesla faisait un autre déficit' il serait beaucoup plus facile de convaincre les investisseurs d'investir en nous.

[명언 커멘트] 쪼이는 남자 머스크

한창 테슬라가 어려울 때 "'테슬라가 또 적자를 냈다'가 아니라 '테슬라가 예상을 뛰어넘고 이익을 냈다'는 제목이 나온다면 투자자들이 우리에게 투자하도록 설득하기는 훨씬 쉬워진다."고 강조했다. 머스크는 이어 3분기에 좋은 성적표를 받으려면 "우리가 할 수 있는 최대한으로 생산과 인도를 하는 동시에 적어도 다음 4.5주 동안에는 극히 중요하지 않은 비용은 다 절감해야 한다."고 독려했다. 그는 이번 분기가 얼마나 중대한지 알리려고 직접 이메일을 썼다고 설명했다. 머스크는 "모델3 차량과 기가 팩토리를 완성하려면 4분기에 현금이 추가로 필요하다."면서 3분기가 자금 조달 전에 현금흐름이 좋아졌다는 것을 보여줄 '마지막 기회'라고 강조했다.

기가 팩토리는 네바다주에 짓고 있는 배터리 공장이다. 당연히 일론 머스크에게 성공만 있는 것은 아니었다. 그는 2016년의 중요한 고비에 위와 같은 이메일을 써서 직원들의 협조를 당부했다. 늘 후한 사나이만은 아니다.

[명언 플러스] 되는 집이 더 잘된다.

이것은 크게 인생의 원리이다. 원래 은행은 돈이 필요 없는 곳이나 사람들에게 은행 돈을 빌려주려고 한다.

1) 의미

돈이 절실한 사람들은 대개 경제적 사정이 좋지 않은 사람들이다. 그래서 은행에 가면 신용등급이 좋지 않다는 이유로 천대를 받는다. 그런데 반면에 돈이 필요하지 않은 사람에게 은행은 돈을 빌려주려고 한다. 신용이 좋기 때문이다. 분명 모순이다.

2) 그런 게 인생

그러나 은행입장에서도 어쩔 수 없다. 자신의 실적을 위해서래도 부실대출을 할 수는 없지 않은가? 그래서 아마도 많은 뱅커(은행가, 은행직원)들은 그 사이에서 줄타기를 할 것이다. 그게 인생이다.

3) 그런 현실에서 투자를 찾아내고 길을 찾아야 한다

그런 현실을 직시하고, 포기하지 말고 투자를 찾아내고 길을 찾아야 한다. 그게 우리의 인생이다.

VI. 물리학과 인과관계를 소중히 여기자

1. "어떤 아이디어를 내고 그것을 실현할 때 내게 가장 큰 도움을 주는 것은 물리학입니다 물리학은 생각을 전개하기에 좋은 구조로 되어 있습니다. 어떤 것의 근본원리와 그로부터 나온 이유를 생각하게 해줍니다."

Quand je viens avec une idée et que je la réalise, ce qui m'aide le plus est la physique. La physique a une bonne structure pour développer des idées. Cela me fait réfléchir aux principes fondamentaux de quelque chose et pourquoi cela vient.

[명언 커멘트] 물리학의 신봉자

이 말은 이렇게도 번역이 된다. "물리학은 생각하기 좋은 프레임워크입니다. 어떤 것의 근본적인 진실과 그로부터 나온 이유만 남기게 되니까요."

[명언 플러스] 나는 책을 읽는다

일론 머스크가 대단한 점은 어떻게 각 분야에서 전문 지식을 갖추고 그렇게나 사업을 벌일 수 있었을까? 라는 점이다. 그것도 우주 로켓은 꽤나 어려운 영역처럼 보이는데 말이다. 그런데 그는 이런 질문을 항상 받을 때마다 늘 아주 간단하게 단 세 마디로 답했다고 한다. "나는 책을 읽는다. (I read books.)" 그렇다. 책에 모든 진리와 비결이 담겨있다. 물론 현대의 책은 꼭 종이책을 벗어나서 여러 가지 다양한 의미를 담고 있겠지만 말이다.

2. [운명과 종교에 대하여] "이 세계를 설계하고 만든 어떤 존재가 있다고 믿느냐고 물으시면, 나는 이 모든 것들을 설계한 주인 같은 지적 존재가 있다고 생각하느냐고요? 나는 그렇지 않다고 봅니다. 왜냐하면 그 대답 후엔 또 그 지적존재는 어디서 왔느냐 물어야하기 때문이죠. 나는 이 세계를 기본적인 물리학 법칙들로 설명할 수 있다고 생각합니다. (세계는) 단순한 요소에서 시작된 복잡한 현상을 보일 뿐입니다."

Si vous demandez si vous pensez qu'il y a quelqu'un qui a conçu et fait ce monde, pensez-vous qu'il y a un être intelligent comme le maître qui a conçu toutes ces choses? Je ne pense pas que ce soit le cas. Parce qu'après la réponse, il faut se demander d'où vient l'être intelligent. Je pense que ce monde peut être expliqué par les lois fondamentales de la physique. (Le monde) ne montre que des phénomènes complexes qui commencent par des éléments simples.

[명언 커멘트] 머스크의 세계관

답변은 그렇게 했지만, 그의 세계관은 기독교 자체를 당연히 부인하거나 배척하는 것으로 보이지는 않는다. 그러나 워낙 물리학에의 신봉이 높은 사람이기에 피상적으로 봐서는 아주 진화론적인 시각이 강한 사람으로 비쳐질 수도 있다.

[명언 플러스 1]   철저한 인과관계의 신봉자

이 세계를 설계하고 만든 어떤 존재가 있다고 믿느냐는 질문에 그는 '이 세계를 기본적인 물리학 법칙들로 설명할 수 있다고 생각한다.' 라고 답했다. 그 사실을 잘 뜯어보면 꼭 창조론 반대까지는 아니어도 확실한 인과관계론의 신봉자로 보인다.

[명언 플러스 2]   지식은 결국 트리식이다

　1) 기본 의미

마인드맵이나 트리(TREE)식 지식이니 하는 말을 우등생들은 많이 한다. 머스크도 그런 식의 생각에 가까운 사람이다. 그래서 다음과 같이 말한다. "어떤 지식을 얻고 싶다면 '의미의 나무'를 활용하는 것이 중요합니다. 몸통이 되는 기본 원칙을 이해한 후 큰 가지를 만들고, 그다음에 나뭇잎으로 가야 합니다. 그렇지 않으면 끝까지 매달려 있는 나뭇잎은 하나도 없을 것입니다." 즉 모든 지식이나 사물의 이치는 아주 작은데서 시작해서 거기서 마치 나무가 가지를 뻗듯이 즉 트리식으로 또는 가지치기 식으로 그리고 마인드맵식으로 점점 늘어간다고 생각하면 된다.

　2) 목차가 중요하고 데이터 시스템이 중요하다

지식은 목차가 중요하고, 그 안으로 깊게 들어가는 체계 또는 시스템 또는 액세스가 중요하다. 그게 잡히면 인간은 무한히 들어갈 수 있다. 우리 연구진이 무엇이든 어원이나 유래를 중시하는 것도 그런 사고에서 나온다.

Ⅶ. 피드백과 질문을 중요시하라

1. "여러분이 최고의 것을 만들기 위해서는 더 엄격해져야 합니다. 모든 잘못된 점을 찾고 그것을 고치세요. 특히 친구들로부터 부정적인 피드백을 받으세요."

Pour que vous puissiez tirer le meilleur parti, vous devez être plus strict. Trouvez toutes les erreurs et corrigez-les. Obtenez des commentaires négatifs, en particulier de la part de vos amis.

[명언 커멘트] 인과관계의 특징 중에 중요한 것은 자기에게 엄격해지는 것이다

그래서 그는 이렇게도 말했다. "나쁜 피드백에 신경을 쓰고, 그와 같은 피드백을 친구들로 부터 받을 수 있도록 노력해라. 정말 큰 도움이 될 것이다." "Really pay attention to negative feedback and solicit it, particularly from friends. … Hardly anyone does that, and it's incredibly helpful." [TED, February 2013]

[명언 플러스] 피드백도 자신감이기는 하다

물론 머스크가 이렇게 피드백을 중시하는 것은 그가 그만큼 자신감이 있기 때문이다. 그런데 대사를 그르치고 망치는 유형 중의 하나는 어떤 일에 있어서 혼자 끙끙 앓다가 닥치면 폭주하는 경우이다. 진작부터 자신을 노출시키면서 맞닥뜨려라. 그러면 반드시 자신이 최후의 승리자가 된다.

2. "어려운 점은 어떤 질문을 할 것인 지다. 그것이 해결되면 나머지는 쉽다."

"It taught me that the tough thing is figuring out what questions to ask, but that once you do that, the rest is really easy." [Businessweek, September 13, 2012]

"Le plus difficile est de savoir quelle question poser. Une fois résolue, le reste est facile."

[명언 커멘트] 문제가 무엇인지를 아는 것이 문제 해결의 1번이자 지름길

실제로 자신에게 닥친 문제가 무엇인지 조차도 모르기에 질문을 던지는 것도 안 되는 즉, 첫 해결도 안 되는 사람들이 너무도 많다. 그래서 문제가 무엇인지를 아는 것이 문제 해결의 1번이자 지름길이 된다.

[명언 플러스] 틀려도 좋으니 일단 만들어 봐라

일반 사람들과 천재의 차이 중의 하나는 일반 사람들은 너무 처음에 제시하는 것을 주저한다는 점이다. 그 주저의 이유는 대부분 '틀리면 어쩌지'이다. 그런데 어떻게 생각하면 틀리는 게 당연한 거 아닌가? 그러기에 그런 점에 대담해져야 성공한다. 우리가 물리학 같은 이과공부를 어떻게 하는가? 가설을 세우고 그 가설이 맞는지에 대해서 검증을 하는 게 바로 이과공부

의 핵이다. 그러니 그 가설은 틀릴 수도 있고 맞을 수도 있다. 일단 만들어 봐라. 그리고 고쳐라. 처음부터 너무 완벽히 정의내리고 너무 완벽히 질문 만들고 너무 완벽한 가설을 세우려고 노력하지 마라.

쉬어가는 이야기
: 어원학습은 다른 학습을 도와준다

천재들은 그 근원 좀 더 말해서 어원학습에 강하다. 왜 그럴까?

1. 뇌의 부담을 덜어준다

어원을 캐어가면서 학습을 하고 머리에 넣어두면 다른 부분은 꼭 그런 오리진을 따져가면서 하는 게 아니래도 다른 부분의 학습에도 도움을 준다. 그것은 기본적으로 다른 부분의 뇌의 활동의 부담을 덜어주기 때문이다. 그런 부분을 일깨워줌에 대한 감사의 이야기를 우리 연구진은 자주 듣는다.

2. 지식이 자기 자리를 찾아가게 해준다

어원이나 오리진을 캐고 머리에 담아두면서 공부하면 지식이 하나의 자리를 잡아나간다. 그런 증거는 그 부분을 다시 보았을 때 낯섦의 정도가 이런 오리진을 따지지 않고 보았을 때와는 천지 차이라는 점이다.

3. "하나의 간단한 조언이 있다면, 계속적으로 당신이 하는 일에 대해 어떻게 잘 할 수 있을지 고민하고, 지속적으로 어떻게 잘할 수 있을지 스스로에게 질문하는 것이다."

I think that's the single best piece of advice: constantly think about how you could be doing things better and questioning yourself.

Si vous avez un simple conseil, continuez à vous demander ce que vous faites, Comment pouvez-vous bien faire? Il s'agit d'y penser et de se demander comment continuer à bien faire.

[명언 커멘트] 스스로에게 질문의 중요성

우리가 사회생활을 할 때에, '좀 생각을 하고 살아라.'하고 회사 선배가 이야기 하면 참 기분이 나쁘다. 그런데 그게 바로, 정말로 사회생활에서는 필요한 것이다.

[명언 플러스] 주변의 조언의 중요성

돔구장, 첫째도 돔, 둘째도 돔이라고 과거에 허구연해설위원은 흔한 말로 입에 게거품을 물고 이야기를 하고는 했다. 그런데 그 위력을 이제야 알게 되었다. 코로나로 인해서 추운 계절까지 프로야구 시리즈가 이어지니까, 흔히 말하는 '가을 축제' 한국 시리즈를 해야 하는데 돔구장이 있으니까, 11월 말이 되어도 사람들이 추위에 떨지 않으면서 정상적으로 경기를 보게 된다. 역시 그 분야에 오래 몸담은 사람들의 선견지명과 그 고언은 절대로 무시하면 안 되는 이야기이다.

VIII. 협업과 집단조화는 리더쉽의 근원이다

1. "나는 어떤 질문에 더 잘 이해하기 위해서는, '인간 의식의 범위와 규모를 증가시켜야 한다.'는 결론에 도달했다. 그것을 이룰 유일한 방법은 대규모로 집단 계발하는 것뿐이다."

J'en suis venu à la conclusion que pour mieux comprendre une question," nous devons élargir la portée et l'échelle de la conscience humaine. "La seule façon d'y parvenir est le développement collectif à grande échelle.

[명언 커멘트] 일론 머스크 자체가 집단 개발의 최대 수혜자이다.

일론 머스크 자체가 집단 개발의 최대 수혜자이다. 테슬라가 점점 번성하면서 점점 더 뛰어난 젊은이들이 몰려온다. 그들은 테슬라에서 일했다는 경력을 쌓기 위해서래도 몰려든다. 정말로 이건희 회장이 말한 한명의 천재가 수만 명을 먹여 살린다는 것의 실현이다.

1-1. "사람을 채용하면서의, 나의 가장 큰 실수 중에 하나는 성격보다는 재능에 너무 무게를 두었다는 것입니다. 좋은 마음을 가지고 있는지가 중요하다고 생각합니다."

L'une de mes plus grandes erreurs dans l'embauche de personnel est que j'accorde trop d'importance au talent plutôt qu'à la personnalité. Je pense qu'il est important d'avoir un bon cœur.

[명언 커멘트]   결국 코웍(Co-work) 정신과 좋은 마음이 중요

이 책을 읽는 상당수는 어디에서든 리더에 속하는 사람일 것이라고 본다. 그런 사람들은 조직의 채용업무에 참여했을 것이고, 혹시 대학생 리더라면 동아리 신규팀원 면접 등을 봤을 거다. 중요한 것은 같이 하려는 마음이다. 그런 부분이 힘들면 아주 특출 난 천재가 아닌 이상 같이 하기 부담스럽고 힘들다. 그 조직이 깨지거나 붕괴가 되는 원인이 된다. 아마도 머스크도 회사를 이끌면서 그런 부분들을 많이 봤을 것이다. 속에서 우러나온 말이다.

2. "개개인의 역량은 무척이나 중요하다. 그것은 마치 스포츠 팀과 같아서 개개인의 역량이 뛰어난 팀이 이길 가능성이 매우 높다. 그러나 개개인들의 협업방식과 전략은 개개인의 역량을 증폭시키는 변수가 된다."

Talent is extremely important. It's like a sports team, the team that has the best individual player will often win, but then there's a multiplier from how those players work together and the strategy they employ. [Business Insider, August 8, 2013]

Le talent est extrêmement important. C'est comme une équipe sportive, l'équipe qui a le meilleur joueur individuel gagnera souvent, mais ensuite il y a un multiplicateur de la façon dont ces joueurs travaillent ensemble et de la stratégie qu'ils utilisent.

[명언 커멘트] 효율적 협업은 개개인의 역량을 증폭시킨다

일론 머스크 밑에 모여든 그 수많은 똑똑한 사람들을 적재적소에 효율적으로 배치하고 일을 시키느라 머스크도 꽤나 애를 먹었을 것이다. 현재도 그럴 것이고 말이다. 그래서 그는 체험적으로 깨달았을 것이다. 개인의 능력도 무척이나 중요하지만, 효율적 협업은 개개인의 역량을 증폭시킨다는 것을 말이다.

2-1. 사람들은 목표와 그 이유를 알 때 일을 더 잘 한다. 사람들이 아침에 일터로 와서 일을 즐기는 것을 고대하게끔 하는 것이 중요하다.

Les gens réussissent mieux lorsqu'ils connaissent leurs objectifs et pourquoi. Il est important que les gens aient hâte de venir travailler le matin et de profiter du travail.

[명언 커멘트] 조직의 목표가 분명한 회사가 훌륭한 회사

자신과 조직원의 목표를 분명히 하자. 우리 연구진이 강조하지만 자기 개인 인생에 있어서 목적과 관점, 즉 어떤 일을 하거나 난관을 돌파하면서의 관점은 무척이나 중요하다. 일론 머스크도 자기의 문제해결에서 가장 중요하고도 의미 있는 첫 단추는 무슨 질문을 던지는가라고 한 바 있다. 그러기에 조직을 운영하면서도 역시 조직도 나의 큰 자아라고 본다면 그 조직이 목표와 이유를 깨닫게 하는 것이 중요하다. 물론 말은 쉽고 실천은 어려운 이야기이지만 말이다.

IX. 바깥으로 외연을 넓히자

1. "지구에 안주해서는 인류의 멸종을 막을 수 없습니다. 유일한 대안은 지구밖에 자립할 수 있는 제2의 문명을 만드는 겁니다."

Vous ne pouvez pas arrêter l'extinction de l'humanité en restant sur Terre. La seule alternative est de créer une deuxième civilisation qui puisse se tenir seule en dehors de la Terre.

[명언 커멘트] 한계 극복

머스크에게서 배울 가장 중요한 포인트는 불굴의 의지와 불가능은 없다는 정신이다. 그런데 그런 정신도 한계는 없다는 기반토대에서 나온다. 한계를 극복하자. 우주 계발도 그런 차원이다.

[명언 플러스] 아인슈타인의 외연확대에 대한 생각

아인슈타인은 아주 간단한 말로 외연확대의 중요성에 대해서 이야기를 한다. '항상 하던 것만 줄곧 하면 항상 얻던 것만 얻게 된다.' 고 말이다.

1-1. "우린 과거 공룡들보다 더 많은 위험 요소에 둘러싸여 있습니다. 그래서 조만간 이 푸른빛을 띤 조그만 지구 너머로 삶을 확대해야 합니다. 그렇지 않으면 멸종될 겁니다. 그것을 위해선 신뢰할 수 있고 재사용가능한 커다란 로켓들이 필요합니다. (중략) 로켓은 진짜 멋져요. 거부할 수가 없죠."

Nous sommes entourés de plus de dangers que les dinosaures dans le passé, nous devons donc étendre nos vies tôt ou tard au-delà de cette petite planète bleuâtre, sinon elle disparaîtra. Pour cela, une grosse fusée fiable et réutilisable (Omis) Les fusées sont vraiment cool, je ne peux pas les nier.

[명언 커멘트] 공룡처럼 인류도 멸종할까?

지구 온난화 등을 보면 정말로 우리도 멸종할까? 하는 생각이 들기도 한다. 공룡들은 어땠을까? 영화 주라기 공원에 나오는 공룡들을 떠올려보자. 그 공룡들이 멸종을 생각이나 했겠는가? 그런데 멸종했다. 우리도 정신 바짝 차려야 할 것이다.

[명언 플러스] 로켓에 대한 관심과 마케팅적 요소의 도입

일본 등에서도 우주여행 손님을 모으고 했다. 그래서 일본기업가들 중에서 젊을 때 큰돈을 번 사람들이 거금을 내고 손님으로 지원하기도 했다. 흥미롭다면 관련기사들을 찾아보라.

2. "만약에 여러분이 우주와 마주하는 문명이자 별들을 탐험하는 인류와 멸종되는 최후까지 지구에 갇혀 진 인류의 미래를 비교해 본다면, 거기에는 근본적인 차이가 존재합니다."

Si vous comparez le futur des humains qui sont des civilisations face à l'univers et l'exploration des étoiles et le futur de l'humanité piégée sur Terre jusqu'à la fin de l'extinction, il y a une différence fondamentale.

[명언 커멘트] 지구의 한계

"2024년까지 화성에 사람들을 보내겠다."는 말을 공공연히 공언해온 머스크는 늘 지구의 한계에 대해서 고민을 많이 했다. 아마도 그런 선견지명은 우리 지구를 먹여 살릴 것이라는 측면의 생각을 많이 하게 된다.

[명언 플러스] 스타벅스를 미리 알아봤어야 했다

  1) 의미

우리 연구진의 한명이 과거에 중견그룹 K그룹의 기획실에 하부직원으로 다닐 때였다. 지금은 초로의 노인이 되셨지만 그 당시에는 팔팔하던 신임회장님이 기획실에 내린 특명이 '커피숍 사업을 미국에서 유치하라'였다. 그 당시에는 쟈댕 정도는 되는 커피숍 카페 사업이 한창이던 때였는데, 왜 하필

대기업에서 커피숍을 할까 하는 의구심에서 '젊은 회장님의 객기' 정도로 보거나 '외국에서 뭐 좀 보고 오셨나 보네.' 하는 시각이 내부에서 컸다. 그래서 결국은 포기했는데 그 미국 커피숍이 바로 '스타벅스'였다.

2) 평가

미리 알아보는 것은 능력이고 혜안이고 운도 작용한다. 그러나 그 판단이 맞은 현자가 확신을 가지고 이야기하면 잘 따라가 보는 것도 하나의 능력이다. 필자는 스마트폰이 세상에 나오기 1년 전에 이미 그 정보를 입수했다. 그 당시만 해도 전화기로 메일을 보내고 은행거래를 한다고 하면 미친 사람 취급을 할 때였다. 실리콘 벨리 사정에 능한 지인이 미국에서 그런 것을 만들고 있었다. 전화로 모든 것을 하는 시대를 기획하고 있다고 할 때, 귀를 의심했지만, 그것이 이렇게 세상을 바꾸고 있다.

3. "페이팔에서 나오면서 생각했다. '돈을 벌 수 있는 최고의 방법은 무엇인가?' 라는 관점이 아니라, '자, 인류에 미래에 지대한 영향을 줄 수 있는 다른 문제는 무엇인가?' 라고."

Going from PayPal, I thought well, what are some of the other problems that are likely to most affect the future of humanity? Not from the perspective, 'what's the best way to make money,' which is okay, but, it was really 'what do I think is going to most affect the future of humanity.' [Cal Tech commencement address, June 2012]

En partant de PayPal, je me suis bien dit, quels sont les autres problèmes susceptibles d'affecter le plus l'avenir de l'humanité? vraiment qu'est-ce qui, à mon avis, affectera le plus l'avenir de l'humanité.

[명언 커멘트] 더 큰 마인드의 필요

바깥으로 외연을 넓히려면 더 큰 마인드가 필요하다. 이미 머스크는 그런 것에 대해서 통달을 한 것이다.

실제로 돈방석에 앉은 미국 젊은이는 실리콘 밸리에 가보면 수두룩하다. 우리만 우물 안 개구리로 살지 않도록 한다.

[명언 플러스 1] 평범한 사람도 특출하게 될 수 있다

그런데 그런 비범함을 평범한 사람도 가질 수 있을까? 머스크는 말한다. '내가 생각기에, 평범한 사람들도 특출 난 사람으로 되는 것을 선택하는 것은 가능하다. I think it is possible for ordinary people to choose to be extraordinary.' 라고 말이다. 그것은 아마도 여러 가지 의미를 품고 있고 또한 그렇게 되기 위해서도 여러 가지 방법과 루트가 있겠지만 제일 중요한 것은 바로 그런 비범한 사람을 공부하고 흉내(mocking)내는 것이 중요하다.

[명언 플러스 2] 천재는 미래와 통한다

과거에 SK 그룹은 이렇게 큰 그룹이 아니었다. 과거 사명은 선경그룹이었다. 섬유를 중심으로 하는 좀 미니 그룹에 가까웠다. 그룹의 큰 도약의 계기는 바로 통신업의 진출 즉 SK텔레콤의 진출이다. 그런 선경을 일군 최종현 회장은 SK가 통신사업에 진출할 때 "우리는 미래를 샀다"고 했다. 수십 년이 지난 지금 상황을 정확히 예견한 것이다. 천재의 곁에 있어라. 그래야 미래가 보인다.

X. 주식시장을 이해하고 투자를 이해하며 살아야 한다

1. "벤처캐피털로부터 투자 유치하기 위한 가장 좋은 방법은 그게 제품이든, 서비스이든, 이상적으로 멀리 생각할 수 있는 만큼, 멀리 미래 비전을 보여주는 것이다. 멀리 시각을 넓힐수록, 투자를 유치할 확률이 높다."

I think the best way to attract venture capital is to try and come up with a demonstration of whatever product or service it is and ideally take that as far as you can. Just see if you can sell that to real customers and start generating some momentum. The further along you can get with that, the more likely you are to get funding.

Je pense que la meilleure façon d'attirer du capital de risque est d'essayer de présenter une démonstration de quelque produit ou service que ce soit et, idéalement, d'aller aussi loin que possible. Voyez simplement si vous pouvez vendre cela à de vrais clients et commencer à générer un élan. Plus vous avancez avec cela, plus vous aurez de chances d'obtenir du financement.

[명언 커멘트] 벤처캐피털에게서 투자를 받기

물론 우리와 미국의 투자 환경이 다른 것도 감안은 해야 한다. 두 나라에서 모두 일해 본 사람의 말로는 같은 아이템이라도 한국에서의 벤처캐피탈 투자 받기가 훨씬 더 힘들다고 한다. 좌우지간 우리 이야기로 가서 우리나라

벤처 캐피털의 한국인 임원들도 그런 이야기를 한다. '사장님들이 더 큰 그림을 그려오면 투자 받기가 쉬운데 자꾸 작은 그림, 당장 돈 벌 이야기만 한다.'고 말이다. 그런다고 그게 크게 벌어오는 것도 아닌데 말이다. 어차피 벤처 캐피털은 말 그대로 모험 자본이니 10개 투자한 것에서 한두 개만 성공해도 그들은 다행이라고 생각한다는 것이다. 그러니 머스크의 말이 정말로 맞는다고 생각하다는 것이다.

[명언 플러스] 금융은 냉엄하고, 그런 만큼 허점도 많다

1) 기본의미

금융은 냉엄하다. 돈의 세계는 원래 그렇다. 중간에 어떤 사기성적인 기업가가 있어도, 그래서 공모주를 해서 그 주가를 엄청나게 올려서 자신은 치고 빠져도, 결국 최후에 상투를 잡은 사람은 큰 피해를 보고 그 중간에 시세 차익을 가져간 사람들은 냠냠하고 맛있게 먹고 있다. 그게 금융의 세계이다. 금융의 고수들은 그런 본질을 너무도 잘 안다.

2) 그런 만큼 허점도 많다

무슨 일이든 살다보면 느끼는데 바깥에서 보기에 냉엄해 보이는 세계일수록 속안에는 허점도 많다. 옵티머스니 라임이니 하는 것들도 그런 허점에서 나오는 것일 것이다.

2. "테슬라의 주가 하락을 바라는 공매도 세력들(short sellers)은 앞으로 더 큰 손실을 볼 수 있다."

Les forces de vente à découvert espérant que le cours de l'action de Tesla diminuera pourraient subir des pertes plus importantes à l'avenir.

[명언 커멘트] 공매도 세력을 머스크는 아주 지긋지긋해 한다

테슬라 주가는 올 들어 8일까지 73%나 올랐다. 테슬라는 이러한 급등세에 힘입어 미국 자동차업계 2위인 포드(Ford)와 1위 GM을 차례로 추월하며 업계 내 시가총액 1위 기업으로 등극했다. 이에 공매도 세력들은 '과매수'(overbought)와 '버블'(bubble)을 외치며 대거 테슬라 공매도에 나서고 있다.4) 그런 세력에 대해서 머스크는 아주 지긋지긋해 한다.

[명언 플러스] 공매도의 본질 정리

  1) 의미

'공매도'는 가지고 있지 않은데도 매도한다는 의미를 가진다. 즉 주식을 가지고 있지 않아도 나중에 빌려서 판다고 생각하고 하는 거래이다. 그래서 이자를 주고서도 주식을 가지고 와서 공매도를 한다. 그 시간 차이를 통해

---

4) 머니투데이 17년 6월 11일

서 이익을 취하는 것이다. 공매도의 그러한 여러 가지 위험성 때문에 증권가에서는 '주식을 하려면 집을 팔 생각을 하고, 공매도를 하려면, 목숨을 걸 생각을 하라'는 말까지도 있다고 한다. 주식이 0원으로 되면, 수익이 최대가 된다.

2) 기능

(1) 과열 방지 자정

애덤스미스의 자유주의 원리 즉 보이지 않는 손이 지배하는 자유 시장의 원리가 작용이 되어야 정상이다. 가격기구 말이다. 그것은 어떤 시장에서도 작용이 되어야 하는데, 주식 시장은 다소 그렇지 않은 부분이 있다. 이게 전체적으로 기업과 경제의 성장을 반영하다보니 성장 위주의 것을 반영할 수밖에 없다. 그러나 어떤 모습이라도 시장이 너무 과열이 되는 것도 좋지 않다.

(2) 기업 견제 기능

아래와 같은 의견도 제시되고 있다.

혁신기업이 주식시장에 자리 잡기 위해서는 두 개의 관문을 통과해야만 한다. 첫 번째 관문이 상장이라고 하면, 두 번째 관문은 공매도 세력의 검증이다.[5]

---

[5] 매일경제 20년 10월 6일

3) 국내의 사례

국내의 사례에 대한 신문기사를 소개한다.

공매도 비중이 큰 해외 증시만의 문제는 아니다. 해외 주요 증시에 비해 상대적으로 공매도 규제 수준이 높고, 공매도 비중이 낮은 국내 증시에서도 공매도는 끊임없이 불거지는 난제다.

국내 증시에서 공매도로 골머리를 앓은 기업은 셀트리온이 대표적이다. 셀트리온은 2008년 코스닥 상장 후 10여 차례 공매도 세력에 의한 루머와 집중적 공매도에 시달렸다. 서정진 셀트리온 회장은 2011년 11월 '공매도 세력과의 전쟁'을 선포한 뒤 이듬해 자사주 매입 계획을 발표했지만 공매도는 사라지지 않았다. 공매도에 지친 서 회장은 급기야 2013년 4월 "보유중인 지분을 다국적 제약사에 매각하겠다."는 강수까지 뒀다. 서 회장은 보유 지분을 담보로 자사주를 사들이는 한편 '셀트리온 주주모임' 대표와 만나 대응 방안을 논의하기도 했다. 셀트리온은 이후 실적 성장을 이루며 2018년 코스피로 이전 상장했다. 하지만 공매도는 계속 셀트리온을 따라다녔고, 올해 1월엔 셀트리온헬스케어와 셀트리온제약이 공매도 과열종목으로 지정되기도 했다.

지난달 JP모건이 셀트리온에 대한 투자의견을 '중립'에서 '비중축소'로 하향하고 목표주가를 낮춘 보고서를 발표했을 때도 공매도 의혹이 불거졌다. 공매도에 베팅한 외국계 증권사가 차익 실현을 위해 일부러 주가 하락을 조장한다는 지적이 제기됐다.[6]

---

[6] 헤럴드 경제 20년 10월 8일

4) 해외 사례: 엔론

해외의 사례를 살펴보면, 엔론 사태가 공매도 투자자의 성공 사례로 꼽힌다.

헤지펀드 키니코스 어소시에이츠의 짐 채노스 회장은 엔론의 회계 조작을 의심해 2000년 11월 공매도를 시작했다. 실제로 장부를 조작했던 엔론은 2001년 12월 파산했고, 채노스는 약 5억달러(약 6000억원)의 이익을 실현한 것으로 알려졌다.[7]

5) 공매도에 대한 종합적 평가

(1) 기본적으로 필요하다

시장의 자정기능도 있어야 한다. 우리나라 특성상 'sell' 의견을 내기 힘든 국내 증권사의 사정에서는 앞으로 공모와 같은 돈을 벌 기회가 주어지지 않는다고 한다.

(2) 부작용적 여지를 줄여야 한다

공매도 보고서를 내어 놓고 혼란한 틈에 검증이 되기도 전에 시세가 떨어지면 바로 이익을 실현하여 시세 차익을 보는 경우들도 있다고 한다. 그런 것을 막아야 한다.

---

[7] 헤럴드 경제 20년 10월 8일

6) 한국의 경우

(1) 기관만 공매도를 허용

한국은 원칙적으로 기관투자자만이 공매도를 할 수 있도록 법으로 정해져 있다. 주식이 기본적으로는 오르는 것을 속성으로 한다면 사실은 그 견제를 위해서 변화가 필요한 부분이기는 하다.

(2) 코로나로 당분간 공매도 금지

코로나로 인한 시세 하락은 명약관화이기에 특히 경제 하락이 예상될 때는 마치 서킷 브레이크처럼 일시 중단을 시키기도 한다.

3. "현금이 없다."

Pas d'argent

[명언 커멘트]

정말로 이런 부자가 현금이 없을까? 그에 대한 우리 연구진의 답은 '그럴 수 있다.'이다. 우리는 강남 서초에 사는 저 수많은 아파트 보유자를 부러워한다. 그런데, 실상 그들에게서 말을 들어보면 그렇지 않다. 어차피 거기에 거주할 수밖에 없기에 팔 수 없는 아파트이고 그에 대해서 세금만 많이 나온다고 한다.

머스크가 페이팔을 매각해서 번 돈은 1억 8,000만 달러(2,141억)였다. 그는 1억 달러를 스페이스X에, 7,000만 달러는 테슬라에, 그리고 1,000만 달러는 솔라시티(Solar city)에 투자했다. 머스크는 자신의 전 재산을 사업에 투자했기 때문에, 만약에 그 기업들이 실패한다면 그도 파산하는 것이었다. 아직도 그 모험은 지속 중이지만, 좌우지간 그가 실재로 현금이 아주 많지는 않을 것은 아주 자명한 일이다.

[명언 플러스 1] 세계 3위의 부자 일론 머스크

테슬라의 일론 머스크 최고경영자(CEO)가 세계 3위 부자로 다시 올라섰다. 아래의 기사를 보자.

17일(현지시간) 미국 경제매체 비즈니스인사이더의 보도에 따르면 테슬라 주가는 스탠더드앤드푸어스(S&P)500에 다음달 21일 편입된다는 소식이 알려지면서 이날 개장 기준 12% 급등했다. 머스크 자산은 118억달러(약 13조500억원) 증가한 1140억달러(약 126조840억원)로, 1060억달러(117조2360억원)를 가진 마크 저커버그 페이스북 CEO의 재산 규모를 뛰어넘어 세계 3위 부자가 됐다. 머스크는 지난 8월에도 테슬라 주식 분할 이후 주가가 급등해 세계 3위 부자에 오른 바 있다.

스탠다드 앤 푸어스에서도 아직은 전기차가 우리 생활에 생태에 영향을 미친다고 생각하지 않았던 모양이다. 적어도 지금까지는 말이다. 그런데 이제는 그들도 시대의 흐름을 무시하지 못한다고 생각한 모양이다.

하지만 이는 주식 가치일 뿐 머스크가 당장 막대한 돈을 쓸 수 있는 상황은 아니다. 머스크는 지난 2018년 CEO 계약 당시 연봉을 받지 않는 대신 목표로 설정한 매출 등이 달성되면 스톡옵션을 받기로 했다. 그러나 경영권 유지를 위해 머스크는 2016년 이후 주식을 거의 팔지 않고 있다. 머스크는 최근 각종 소송에서 "현금이 없다"며 선처를 읍소했다. 올해 초엔 "물리적 소유물을 처분하겠다."며 본인 소유의 주택 3채를 매물로 내놓기도 했다. 현금 확보를 위한 것으로 보인다.[8]

운영자금이라는 명목으로 악덕으로 공금을 나쁘게 활용하는 일부 소수의 악덕경영자의 이야기가 나오고는 한다. 그거에 비하면 정말로 머스크는 적어도 표면적으로는 양심적인 경영인으로 보인다.

---

[8] 머니투데이 20년 11월 19일

[명언 플러스 2] S&P 500지수 (Standard & Poor's 500 index)

S&P 500지수는 미국의 스탠더드 앤드 푸어(Standard & Poor)사가 작성해 발표하는 주가지수이다. 미국의 스탠더드 앤드 푸어사가 기업규모·유동성·산업대표성을 감안하여 선정한 보통주 500종목을 대상으로 작성해 발표하는 주가지수로 미국에서 가장 많이 활용되는 대표적인 지수이다. 공업주(400종목)·운수주(20종목)·공공주(40종목)·금융주(40종목)의 그룹별 지수가 있으며, 이를 종합한 것이 S&P 500지수이다.[9]

---

[9] [네이버 지식백과] S&P500지수 [Standard & Poor's 500 index] (두산백과)

쉬어가는 이야기
: 위기 뒤에 찬스가 온다

1. 야구에서의 사용

야구 수비에서의 위기를 잘 벗어나면 반드시 찬스가 온다. 아마도 그것은 심리적 효과가 크리라. 재공격을 하는 쪽은 위기를 벗어났다는 안도감과 심리적 안정감이 들 것이고, 반대로 수비를 하는 쪽은 찬스를 살리지 못했다는 자책감과 불안감이 올 것이다.

2. 사람일은 롤러코스터다

위기 중에는 정말로 전혀 생각지 못한 곳에서 해결책이 나온다. 그래서 위기는 기회가 되고, 위기 뒤에는 반드시 찬스가 올 타이밍이 있다. 그것을 잘 잡는 사람은 위너가 된다.

XI. 전기차와 배터리에 대한 생각들

1. "연료전지 자동차는 어리석은 선택이다. 수소를 만들고, 저장하고, 저장한 수소를 자동차에 사용하는 것은, 아주 어려운 일이다. 결국 수소는 에너지 저장 메커니즘일 뿐이지, 직접적인 에너지원으로 사용되는 것은 아니다"

Les voitures à pile à combustible sont un choix stupide. Fabriquer de l'hydrogène, le stocker et utiliser l'hydrogène stocké dans une voiture est très difficile. Après tout, l'hydrogène n'est qu'un mécanisme de stockage d'énergie, pas une source d'énergie directe.

[명언 커멘트] 수소차에 대한 머스크의 부정적 견해

그의 의견을 정리해보면, 수소연료 전기자를 싫어하는 이유가 '처리효율' 때문으로 보인다. 그는 결국 "수소를 만들고, 저장하고, 저장한 수소를 자동차에 사용하는 것은 아주 어려운 일"이라며 "결국 수소는 에너지 저장 메커니즘일 뿐이지, 직접적인 에너지원으로 사용되는 것은 아니다."라고 말했다.

[명언 플러스 1] 수소는 에너지인가 시스템인가?

다음과 같은 기사부터가 눈에 띈다. 그리고 이런 생각은 아직도 머스크에게 유효해 보인다.

북미에서 순수전기차 시장을 주도하고 있는 테슬라의 최고경영자 일론 머스크는 "연료전지 자동차는 어리석은 선택"이라고 말한다. 높은 가격의 연료전지 시스템에 더해 수소 생산·수송 인프라 비용이 막대해 경제성이 떨어진다는 주장이다.

[명언 플러스 2]　니콜라

니콜라가 한참 물의를 일으키다가 상장폐지까지 가나 했더니 아직은 나름 굳건히 잔존되어 있다. 일단 워낙은 서로들 물린 돈들이 많고, GM도 뭔가의 수소차 등으로의 돌파구는 열어야 하는 시점이라서 아직은 좀 더 두고 봐야하는 것으로 보인다.

쉬어가는 이야기
: 노무현의원의 청문회 준비 원리

1. 기본의미

뭔가 학습을 하고 발표나 강의 등을 준비할 때에 그 분야의 고수들은 이런 조언을 한다. '일단 모든 가능성을 다 적고 그런 후에 검토를 하라.' 그것은 아주 효율적인 방법인데 그 방식을 잘 보여주는 예가 있어서 소개를 한다.

2. 세부

청문회에서 전두환 등의 증인을 잘 몰아붙이는 게 중요했다고 한다. 발뺌을 하거나 다른 말을 할 우려가 있기 때문이다. 그래서 전지를 사오라고 했다고 한다. 그런 후에 이런 저런 모든 가능성에 대한 것을 다 적어 정리한 후에 A4 세장을 가지고 오라고 해서 거기에 다시 정리를 했다고 한다. 그리고 그것을 달달 외우고 공부하더란다. 그래서 스타가 되었다. 그래서 비서가 '참, 과거에 50명만 뽑을 때 붙은 분이 다르기는 하구나.'하는 생각이 들더란다.

3. 일론 머스크의 경우

1) 배터리데이 등의 PT

일론 머스크도 적어도 이런 관점에서는 뛰어나다. 분명히 일론 머스크도 배터리데이 등의 행사를 통해서 사람들에게 자신과 자신의 회사의 비전과 아이템우수성에 대해서 잘 프레젠테이션을 해야만 했을 터인데, 그런데서 그 사람의 자질을 잘 보여줬고 그런 준비를 어떻게 했는지가 우리가 같은 일반인들은 궁금하다. 아마도 고 노무현 대통령의 의원시절 청문회 준비 방식과 유사하지 않았을까 싶다.

그런 모습은 스티브 잡스도 그랬을 것이다. 특히나 스티브 잡스는 터틀넥 티와 청바지를 늘 입고 나와서 자신감 있게 PT를 석권했다. 그런 준비에는 아마도 이런 방식의 준비를 했음이 분명하다.

  2) 독학

일론 머스크는 특히 독학으로 유명하다. 자동차든 로켓이든 다 독학을 해서 자신의 사업영역으로 만들었다. 그런데 생각해보면 사업하랴, 공부하랴, 얼마나 바빴을까? 그런 가운데에 뭔가의 성과를 내려면 당연히 남들과는 다른 공부법이 필요했을 것이고 그것은 시간을 효율적으로 쓰면서도 정말로 필요한 곳에 자신의 시간과 두뇌를 집중시키는 방법이 필요했을 것이다. 그래서 이런 유사한 방법을 썼을 것이 추정된다.

2. "테슬라 모터스가 10~20년간 20배 가까이 성장하며 시가총액 기준 세계에서 가장 큰 기업이 될 것이다. 그들(경쟁자들)은 4~5년 전에 따라잡아야 했다. 그(일론 머스크)는 너무 멀리 앞서 나갔다."

-월가의 대표 뮤추얼 펀드 매니저 론 배런 CEO

Tesla Motors connaîtra une croissance de près de 20 fois en 10 à 20 ans et deviendra la plus grande entreprise au monde en termes de capitalisation boursière. Ils (concurrents) ont dû rattraper leur retard il y a quatre ou cinq ans. Il (Elon Musk) est allé trop loin.

[명언 커멘트] 빅3 등의 고민

실제로 테슬라 모터스가 10~20년간 20배 가까이 성장하며 시가총액 기준 세계에서 가장 큰 기업이 될 것이라는 주변의 예상은 착착 실행이 되어가는 중이다. 그래서 그들은 또한 빅3(포드, GM, 크라이슬러)등의 경쟁자들에게 "그들(경쟁자들)은 4~5년 전에 따라잡아야 했다. 그(일론 머스크)는 너무 멀리 앞서 나갔다.[10]" 고 경고 아닌 경고를 하고 있는 셈이다.

[명언 플러스] 부정적 견해는 여전히 존재한다

다소 과거의 이야기이기는 하지만. 헤지펀드 빌라스 캐피털매니지먼트의 존

---

[10] 초이스 경제 16년 6월 8일

톰슨 최고경영자(CEO)는 일론 머스크 테슬라 최고경영자(CEO)가 마술을 부리지 않는 한 테슬라가 4개월 내 파산할 것이라는 전망도 내놨었다.

톰슨 CEO는 마켓위치에 "기업이 결국 수익을 내야 하지만 테슬라에서는 이러한 일이 전혀 보이지 않는다."며 "현재까지 본 것 중 최악의 손익계산서 중 하나"라고 지적했다.

이때가 18년 3월이다. 그때에 비하면 테슬라는 순항중이다. 그래도 여전히 불안요소가 없는 것은 아니다.

3. "테슬라의 재료·부품 조합의 chemistry는 다른 제조사와 확실히 다르다. 알루미늄 주조기술, 모터·배터리 재료·기술의 조합이 다르다. 주목할 점은 테슬라가 자체적으로 재료과학 연구개발 그룹을 갖고 있다는 것이다. 다른 회사는 이런 것을 직접 안한다. 재료는 사다 쓰면 그만이니까. 하지만 테슬라는 재료과학을 직접 연구하기 때문에, 메가 캐스팅(차체의 큰 부분을 통째로 주조해 내는 기술)처럼 다른 회사가 하기 어려운 제조 기술을 구사할 수 있다." 11)

- 유명 자동차 부품 해부 분석 회사 대표

La chimie de la combinaison de matériaux et de pièces de Tesla est clairement différente de celle des autres fabricants. La combinaison de la technologie de moulage d'aluminium, du moteur, du matériau de la batterie et de la technologie est différente. Notamment, Tesla possède son propre groupe de recherche et développement en science des matériaux. D'autres entreprises ne le font pas directement. Si vous achetez et utilisez les ingrédients, vous pouvez arrêter. Cependant, comme Tesla étudie directement la science des matériaux, il peut utiliser des techniques de fabrication difficiles à mettre en œuvre pour d'autres entreprises, telles que le méga moulage (une technologie qui jette entièrement une grande partie de la carrosserie d'un véhicule).

---

11) 조선일보 20년 9월 14일

[명언 커멘트] 할 수 있으면 스스로 만들어서 개발하는 테슬라

위의 글은 유명 자동차 부품 분석회사 대표가 인터뷰에서 한 말이다. 이런 점이 테슬라의 위대한 점이다. 남들은 '사다 쓰면 되는데'라고 생각하는 것을 자신들은 직접 개발하는 점 말이다. 역발상이기도 하다. 특히 재료과학은 앞으로 가장 유망하고 더 발굴되어야 할 분야다. 오죽하면 우리나라에서도 소부장(소재 부품 장비) 라는 이름으로 해서 그 중요성을 발굴할 프로젝트를 걸겠는가? 그것의 선견지명을 갖고 있는 머스크가 대단하다.

4. "테슬라가 전고체(電固體, all solid state battery) 배터리를 공개할 것이다.

- 샌디 먼로 미 자동차 분석업체 대표, (20년 7월 31일)

Tesla dévoilera toutes les Toute la batterie solide

[명언 커멘트] 전고체 전지와 나노 와이어 배터리

"테슬라는 나노 와이어 배터리를 준비 중인 것 같다."(미 전기차 전문매체 일렉트렉, 24일)는 이야기도 나왔었다. 아래의 기사를 보자.

전기차 업체 테슬라가 전기차의 핵심인 배터리 기술을 공개하겠다며 다음 달 22일로 예고한 '테슬라 배터리 데이'를 앞두고 업계에서 각종 추측이 난무하고 있다. 초기엔 기존 배터리보다 수명이 5배 이상 긴 '100만마일(160만km) 배터리'를 공개할 것이란 전망이 지배적이었다. 이는 다른 배터리 경쟁사들도 조만간 개발 가능한, 현재로선 가장 현실성 있는 기술이라 임팩트는 크지 않았다. 그런데 최근엔 테슬라가 전고체 배터리를 공개할 것이란 전망이 등장했다. 전고체 배터리는 배터리 업계가 가고자 하는 '최종 종착지'로 여겨진다. 기존 리튬 이온 배터리보다 에너지 밀도가 획기적으로 높고, 폭발 위험이 없기 때문이다. 전고체 배터리 관련 특허를 가장 많이 보유한 도요타가 2022년 시제품을 공개하겠다고 했지만, 양산은 2030년은 돼야 할 것이라는 게 업계 전망이다. 그런데 테슬라가 전고체 배터리를 공개한다니 업계에선 "말도 안 돼"라는 반응과 함께 "테슬라라면 시제품을 내놓을 수도 있다"는 기대가 엇갈렸다.[12]

하도 혁신적인 것을 많이 보여주는 테슬라이기에 '말도 안 돼.' 하면서도 그냥 무시만은 못하는 분위기가 업계에서는 형성이 되어 있다.

그런데 최근 테슬라가 배터리데이를 알리는 홈페이지 배경에 '나노 와이어' 구조와 비슷한 모양의 패턴이 그려진 그림을 내걸면서, 업계에선 또 다른 상상의 나래가 펼쳐지고 있다. 여기에 일론 머스크 테슬라 CEO가 '전기 제트기'에 대한 질문에 답하는 트윗을 날리자, '전기 비행기' 전략까지 공개하는 것 아니냐는 추측이 나왔다. 대체 테슬라는 무엇을 공개하려고, 만인에게 '배터리데이'라는 수수께끼를 던진 것일까. 각종 추측이 난무하는 가운데 일론 머스크는 25일(현지 시각) 트위터 댓글에서 "긴 수명(high cycle life)을 가진 400Wh/kg의 (고에너지 밀도) 배터리를 3~4년 안에 대량생산할 수 있을 것"이라고 밝혔다. 현재 테슬라 모델 3에 사용되는 파나소닉 '2170 배터리'(약 260Wh/kg)보다 에너지 밀도가 54% 더 높은 것이다. 이는 LG화학이 GM과 공동 개발한 차세대 배터리 얼티움보다 약 100~120Wh/kg 높은 것으로, 세계 최고 수준을 자부하는 한국 배터리 3사 기술과 경쟁이 안 될 만큼 높은 수준이다. 배터리 밀도가 높을수록 충전 시간이 짧아지고 한 번 충전으로 더 오래 달릴 수 있다.[13]

이렇듯이 일론 머스크는 장수·고밀도 배터리 3~4년 안에 대량 생산하겠다고 여러 기회와 매체를 통해서 공론화 하고 있다.

머스크의 이 글은 한 트위터의 글에 대한 답글이었다. 이 트위터는 "과거 머스크는 400Wh/kg 배터리에 도달하면 전기 비행기를 만들 수 있다고 했다"면서 실리콘 나노 와이어 기술을 개발했다고 알려진 앰프리우스

---

12) 조선일보 20년 8월 27일
13) 조선일보 20년 8월 27일

(Amprius)가 본사를 테슬라 옆으로 옮겼다는 내용을 함께 적었다. 나노 와이어는 금속을 비롯한 다양한 물질을 단면 지름 1나노미터(10억분의 1미터)인 극미세선으로 만드는 것이다. 배터리에서는 양극 또는 음극 재료를 나노 와이어 형태로 구성해 에너지 밀도를 높일 수 있다. 머스크가 이에 호응하듯 답변하고, 앰프리우스와의 협업 가능성에 대해 부인하지 않자 테슬라가 나노 와이어 배터리를 개발 중이며, 전기 제트기까지 계획하고 있을 것이란 추측이 나온 것이다.

실리콘은 기존 리튬 이온 배터리에 쓰이는 음극재(음극 활성 물질)인 흑연보다 약 10배의 리튬을 저장할 수 있다. 하지만 실리콘은 충전될 때 팽창해 파손되는 치명적인 단점이 있어 그간 제대로 쓰이지 못했다. 하지만 나노기술을 적용하면 실리콘이 리튬을 흡수하며 팽창할 때 부서지지 않게 만들 수 있다. 2009년 설립된 앰프리우스는 나노 와이어 기술로 부서지지 않는 100% 실리콘 음극재를 개발했다고 밝히고 있다. 현재 미국 국립연구소와 주요 항공 우주 회사에 이 기술을 적용한 리튬 이온 전지들을 공급 중이다.[14]

---

14) 조선일보 20년 8월 27일

XII. 코로나, 인공지능과 미래에 대한 생각들

1. "추측건대 (코로나로 인한)공황이 바이러스보다 더 큰 해악을 유발한다. 코로나로 인한 사망률은 자동차 사고 사망률보다 훨씬 낮다."

Vraisemblablement, la panique (causée par la couronne) cause plus de tort qu'un virus. Le taux de mortalité par corona est bien inférieur à celui des accidents de voiture.

[명언 커멘트] 카리스마와 호언장담

머스크는 트위터에 '코로나로 인한 공황이 바이러스보다 더 큰 해악을 유발한다.'고 적었다. 물론 그것은 그만의 생각이다. 또한 같은 달 자신의 민간 우주 탐사 기업 스페이스X 임직원에겐 '코로나로 인한 사망률은 자동차 사고 사망률보다 훨씬 낮다.'고 발언했다. 머스크는 이전 '코로나19보다 자동차사고로 사망할 가능성 높다.'라는 발언으로 빈축을 산 데 이어 코로나19 영향으로 공장을 폐쇄했고 주식도 급락했다.

왜 트럼프나 머스크 류의 사람들은 왜 코로나를 쉽게 생각하는가? 그것은 두 가지 이유이다. 워낙 자신들이 산전수전을 다 겪은 것이 하나의 이유이고, 또 하나는 굳이 말하면 욕심이다. 자신들의 일에 대한 욕구, 욕심, 야욕 때문에 다른 요소는 작게 보이고 obstacle 로 보인다.

[명언 플러스] 록펠러가 말한 성공의 비결

미국의 석유왕 록펠러는 '성공의 비밀은 평범한 일을 비범하게 하는 것.'이라고 했다. 참으로 맞는 이야기이다.

2. [인공지능(AI)에 대해] "인공지능의 연구와 생산은 '인류의 가장 큰 현존하는 위협'입니다 즉 악마를 소환한 것입니다. 뭔가 어리석은 짓을 하기 전에 국가나 국제적 차원에서 규제적 감시가 있어야 한다고 봅니다."

La recherche et la production d'intelligence artificielle sont «la plus grande menace existante pour l'humanité», c'est-à-dire l'invocation des démons. Je pense qu'il doit y avoir une surveillance réglementaire au niveau national ou international avant de faire quelque chose de stupide..

[명언 커멘트] 인공지능에 대한 부정적 생각

도전적인 그도 인공지능에 대해선 반대하는 입장이다. 그는 스티븐 호킹과 같은 입장이다. 앞서 천재들의 선견지명에 대해서 봤지만 우리도 이런 천재들의 경고에 조금은 귀를 기울여야 하는 때가 오지 않았나 싶다.

[명언 플러스 1] 로봇공학자라고 명함을 내밀면 이런 질문이 늘 1번

과거에 로봇공학을 전공하신 교수님이 하신 말이 생각난다. 자신이 로봇공학자라고 명함을 내밀고 소개를 하면 늘 지겹게 나오는 뻔한 1번 질문이 "교수님 과연 로봇이 나중에 세상을 지배할까요?"라고 말이다. 우리 연구진이 이 마당에서 그 주제를 이야기 하려고 하는 것은 아니고 사람의 생각은 거의가 참 비슷하다는 점을 이야기하려는 것이다.

[명언 플러스 2] 빌게이츠의 인공지능에 대한 생각

마이크로소프트의 빌게이츠는 인공지능에 대해서 다음과 같이 말했다고 한다. '인류의 미래문명은 인공지능이 될 것이다. 내가 만일 다시 학생으로 돌아간다면 다른 무엇보다 인공지능을 공부할 것이다.' 1997년 6월. 빌 게이츠가 우리나라를 방문했을 때 한 말이라고 전해진다. 이 말자체가 인공지능에 대한 신봉으로만 해석되지는 않지만, 그 만큼 인공지능을 중시한다는 의미를 가질 것이다.

쉬어가는 이야기
: 연예인이 사업에 실패하는 이유

연예인이 사업에 실패하는 이유는 아주 자명하다. 바로 '착시' 때문이다. 연예인으로서 성공하는 것도 당연히 쉽지 않다. 무척 어렵다. 그런데 연예인으로서의 성공의 비결과 공식은 사업의 성공의 공식과는 차이가 당연히 난다. 그런데 그것에 대한 착시가 가장 큰 실패의 원인이다. 물론 조급증도 작용한다. '내가 이게 한 철인데 말이지.'하는 식의 조급증 말이다.

XIII. 천재는 역시 괴짜다

1. "몇 시간 내로 중요한 소식이 발표될 것이다. 테슬라가 파산했다. 최후의 수단으로 부활절 계란까지 대량 판매하며 자금 조달을 위해 노력했지만, 결국 파산에 이르게 됐다."
 - 18년 4월 1일, 자신의 트위터에서 만우절 농담

Des nouvelles importantes seront publiées dans quelques heures. Tesla a fait faillite. En dernier recours, j'ai essayé de collecter des fonds en vendant des œufs de Pâques en grande quantité, mais elle a finalement fait faillite.

[명언 커멘트] 장난기도 천재의 요건

머스크는 1일(현지시간) 트위터에 "몇 시간 내로 중요한 소식이 발표될 것"이라는 글을 올렸다. 머스크는 이어진 트위터에서 "테슬라가 파산했다. 최후의 수단으로 부활절 계란까지 대량 판매하며 자금 조달을 위해 노력했지만, 결국 파산에 이르게 됐다."고 썼다. 여기서 '부활절 계란'이란 표현 자체가 바로 농담임을 암시하는 상징이다. 결국 머스크의 파산 선언은 농담이었다는 것이 판명되었다. 그는 또한 "머스크가 테슬라의 '모델3' 근처에서 의식불명 상태로 발견됐다. 테슬라킬라(테슬라와 데킬라 합성어) 술병에 둘러싸인 상태였고, 볼에는 눈물 자국이 생생했다."는 트위터를 올려 자신의 모습을 풍자했다. 머스크가 덮고 있는 테슬라 종이 포장지에는 파산(Bankrupt)을 오기한 표현(Bankwupt)이 적혀 있었다. 그런 사진까지 같이 담아서 제시를 했다. 유쾌하다고 하기에는 이제 그의 위치가 너무 엄정한 것일까? 워낙 그의 입에 담긴 주주들의 돈이 너무 많이 걸려있다고나 해야 할까? 좌우지간 주주들은 불안 불안하게 본다.

[명언 플러스] 선견지명

어쩌면 지난 미국 대통령 선거의 바이든 당선의 일등공신이면서도 앞으로도 바이든을 좌지우지 할 가장 큰 존재는 오바마가 될 것이다. 그는 아직도 여전히 젊다. 과거의 일들을 보자.

2008년 민주당 대선 후보 경선에 다시 도전한 바이든은 주목을 받지 못했다. 힐러리 클린턴과 버락 오바마라는 화려한 개성의 두 후보가 일찌감치 선두에 나섰다. 그는 첫 경선지인 아이오와에서 1%도 득표하지 못하고 5등을 했다. 그는 그날 밤 사퇴했다. 하지만 그는 곧 오바마를 대통령으로 만드는 일등공신이 됐다. 오바마는 바이든이 민주당 성향 노동자층에 인기가 있다는 것을 알았고, 바이든도 오바마가 진짜 '물건'임을 알아챘다. 그는 오바마를 지원해줬다.[15]

자신의 능력이 정치적으로 백점이 되지 못하면 남을 끌어 오는 것도 하나의 힘이고 능력이다. 즉 물건이 되는 것도 능력이지만 진작 물건을 알아채는 것도 능력이다. 그런 것도 흔히 말하는 '정치적 아이큐'가 될 수 있다. 우리가 머스크에 주목하는 이유가 바로 그것이다. 우리가 절대로 머스크의 머리와 추진력을 뛰어넘을 수 없다. 바이든이 오바마를 넘을 수 없듯이 말이다. 그러나 바이든은 결국 대통령이 되었다. 그것과 같은 선견지명이 우리에게는 요구된다.

---

[15] 한겨레 신문 20년 11월 7일

2. "지겹고, 멍청한 질문은 재미없다. 넘어가겠다."

(Next. Boring, bonehead questions are not cool.)

Suivant. Les questions ennuyeuses et osées ne sont pas cool.

[명언 커멘트] 별난 카리스마

그는 카리스마가 있다. 그런데 별나다. 별나다 보니 좌충우돌하는 일도 많이 있다. 그래서 기자회견장에서도 다른 겸양 있는 대표자들과는 사뭇 다른 모습을 보여주는 경우들이 많다. 그래서 말 몇 마디 잘못했다가 큰돈을 날리는 일도 많다. 하루만에 28억 달러를 날리기도 했다. 그래도 어쩌면 그에는 그게 별로 와 닿지 않을 수도 있는 게 어차피 파는 주식이 아니기 때문에 말이다.

뉴욕 증시 마감 직후에 전기 실적과 관련, 머스크 CEO와 애널리스트간의 콘퍼런스 콜을 가졌다. 그전 분기 실적은 테슬라 사상 최악이었다. 1분기에만 7억8460만 달러(약 8456억원)의 당기순손실을 내 전년 동기에 비해 손실이 2배가량 확대됐더란다. 이유는 모델3 생산량이 목표에 미달로 인한 손실이 원인이다. 당연히 애널리스트들의 추궁식 질문이 집중되었다.

머스크 CEO는 "추가 자금 조달이 필요하지 않다."고 못 박았다. 하지만 날카롭고 신경질적인 뉴욕의 애널리스트 들이 가만히 두겠는가? 또 다시 묻자 "지겹고, 멍청한 질문"이라며 질문을 끊은 데 이어 또 다른 애널리스트가 유사한 난감한 질문을 던지자 "(우리)유튜브 가서 이야기 합시다. 그런 질문들은 재미없고, 나를 미치게 만듭니다. (We're going to go to YouTube. Sorry. These questions are so dry. They're killing me.)"고 말했다. 그런 뒤 콘퍼런스 콜을 갑작스레 끝내고 유튜브의 블로거들과의 질의응답(Q&A)로 넘어갔다. 참으로 외부에서는 상대하기 힘든 별난 카리스마이다.

3. "테슬라를 비공개회사로 전환하겠다. 자금이 확보돼 있다."

Je vais transformer Tesla en une entreprise privée. Les fonds sont sécurisés

[명언 커멘트]   리더의 지위와 그로 인한 책임감

"테슬라를 비공개회사로 전환하겠다."며 "자금이 확보돼 있다."고 말했다. 상장폐지와 관련한 주가 전환 제안가는 주당 420달러였다. 머스크의 트윗 이후 테슬라 주가는 크게 요동쳤다. 머스크는 이후 사우디아라비아 국부펀드에서 자금을 확보할 수 있다고 부연했다.

하지만 주주들의 반대로 테슬라의 비상장 전환 계획은 백지화됐다. SEC는 테슬라에 소환장을 보내 머스크 트윗의 진위와 투자자 보호 규정 위반 여부를 조사해왔다.[16] 그래서 나중에 앞으로는 변호사의 자문만 받은 사항에 대해서만 트윗에 올리기로 합의를 하고 제재를 풀었다.

머스크도 좀 더 자유롭게 하고 싶은 말하고 억압 없이 연구하고 싶은 거 연구하면서 살고 싶으리라. 그러나 어쩌랴 자신도 원하는 것을 하기 위해서는 대규모의 투자가 필요했고, 그래서 주식도 공개했고, 그러다 보니 자신에게 돈도 많이 물려 있는 것을. 그게 리더의 숙명이다.

---

[16] 한국경제 18년 12월 27일

쉬어가는 이야기
: 데이터가 중요한 시대가 되었다.

1. 심지어 반도체 생산에서도

데이터가 중요한 시대가 되었다. 심지어 반도체 생산에서도 말이다. 반도체는 미세한 공정이기에 뭔가 하나만 이상해도 문제가 생긴다. 그래서 요즘에는 데이터 공정을 즉 과거의 데이터를 수집해서 그것을 시뮬레이션해서 신재료를 추가하거나 교체하는 정교한 작업을 진행한다고 한다. 갈수록 데이터가 중요한 시대가 된다.

2. 그러면 도굴을 하지 않아도 신라 고분을 알 수 있지 않을까?

백제의 고분이나 고구려의 고분은 흉흉한 시대에는 도굴하기에 아주 좋은 구조였다고 한다. 그런데 신라 고분은 그냥 흙으로 무더기를 쌓았기에 도굴이 힘들었다고 한다. 그래서 보존이 잘되어 있고 엄청난 유물이 남아 있을 것이다. 그런데 그 고분을 가급적 우리 세대들이 후손에게 훼손하지 않고 넘겨주되 그 내용물을 알아내는 방법은 투시법도 있겠지만 바로 거기에 데이터가 활용이 될 것이다. 그러면 속을 까보지 않아도 내용물을 다 알 수 있지 않을까? 데이터는 이제 투명인간이 되게도 하고 관심법이 가능도 하게 되는 세상이 되었다.

4. "테슬라 주가는 너무 높다. 나는 아무것도 가지지 않을 것이다. 집도 모두 팔 것이다. 내 여자 친구는 매우 화가 났다."

- 20년 5월 3일 트위터에서

Le cours de l'action Tesla est trop élevé. Je n'aurai rien. Je vais vendre toutes les maisons. Ma petite amie est très en colère.

[명언 커멘트] 남들이 보면, 다소 미치광이 같아 보이기도 한다

"테슬라 주가는 너무 높다." 는 글을 올려 회사 주가가 폭락하는 일이 벌어졌다. 그는 뒤이어 "나는 아무것도 가지지 않을 것이다. 집도 모두 팔 것이다" "내 여자 친구는 매우 화가 났다" 등 다소 이상한 글을 연달아 올렸다. 이렇듯 천재는 이해 못할 정신세계를 가진 측면이 크다. 말이 안 되지 않는가? 회사 대표가 자신의 회사의 주가가 높다고 스스로 말하다니 말이다. 그것은 어찌 보면 높은 주가에 대한 책임자로서의 부담이 반영된 말이 되기도 할 거다. 그런 점을 보면 머스크에 대한 연민의 정도 느껴진다.

우리 연구진 중 한명과 친분이 있는 한국인 천재는 스탠포드 이공계 박사 유학 출신이다. 그 사람의 개인 방에 가보니 이학 공학 책은 별로 없고 'What is tao? (도란 무엇인가)' 책만 덩그러니 한권 꽂혀 있더란다. 그런 게 바로 천재다.

XIV. 그의 생애 특히 어린 시절의 소회

1. "아버지는 여러 면에서 뭔가 새로운 기술을 싫어하셨고, 특히 컴퓨터를 싫어하셨습니다. 컴퓨터는 아무짝에도 쓸모없는 물건이라면서. 그래서 난 결국 조금씩 돈을 모아 컴퓨터를 살 수밖에 없었는데, 내가 용돈 저축하는 걸 보시고는, 결국 돈을 조금 보태주셨습니다."

Mon père détestait certaines nouvelles technologies à bien des égards, en particulier les ordinateurs. Les ordinateurs ne servent à rien. J'ai donc finalement dû économiser un peu d'argent et acheter un ordinateur, mais après m'avoir vu économiser mon argent de poche, il m'a donné de l'argent.

[명언 커멘트] 특별한 어린 시절

천재는 아주 어릴 때는 부모도 못 알아본다. '우리 애는 한글도 빨리 익히는 것을 보면 천재야.' 그런 이야기와는 차원이 다른 이야기를 꺼내고 있는 것이다. 그런데 재미있는 것은 과거에 대학에 들어가서 민주화를 외치는 자제들을 보면서 데모를 말리던 부모들이 유공자(그 자녀들)의 가족이 되는 현실이다. 세상은 그렇게 바뀌어져 간다.

심지어는 머스크는 이런 이야기조차도 한다. 어린 시절 경험관련해서 말이다. "폭발시킬 수 있는 것이 얼마나 많은지 정말 놀랍습니다. 내가 손가락을 다 가지고 있는 것은 운이 좋았던 거죠."

1-1. "군복무 자체는 별문제 없었지만, 흑인들을 억압하는 남아공 군인생활을 하는 건 그야말로 시간낭비라고 생각했어요. 하지만 군대 자체는 내게 잘 맞아요."

Le service militaire lui-même n'était pas un problème, mais je pensais que c'était une perte de temps d'être un soldat sud-africain qui opprime les Noirs. Mais l'armée elle-même me convient bien.

[명언 커멘트]   카리스마와 터프함은 닮은 구석이 있다

일론 머스크와 같은 자유사상을 가진 천재들은 당연히 군대와 같은 억압 질서가 맞지 않는다. 세간 사람들은 트럼프와 머스크를 비교해서 자주 이야기 하는데 그 트럼프도 어릴 때 군사학교에 다닌 것은 유명한 이야기이다.

[명언 플러스]   아파르트헤이트(인종차별 정책)

1988년 열일곱 살이었던 그는 남아공의 집을 떠났다. 남아공의 남자들은 당시 일정기간 군복무를 해야 했고, 군의 주요 임무 중 하나는 아파르트헤이트(인종차별정책)에 앞장서는 것이었기 때문이다.

2. 나의 정치 성향은 '반은 민주당, 반은 공화당', 사회적으론 '자유주의, 경제적으론 보수주의'

Mon orientation politique est 'moitié démocrate, moitié républicaine', 'libérale socialement, économiquement conservatrice'

[명언 커멘트] 중도주의자

자유의 나라인 미국에서도 사업가가 정치로부터의 영향력을 무시할 수는 없는 모양이다. 그래서 그도 누구를 지지해야 하는지를 사업을 하면서 여러 번 흔들리는 모습을 보여줬었다. 그런 그가 과거의 박정희를 알았다면 꽤 매력적이라고 했을 것이다.

그는 앞서의 이야기처럼 중화파라고 스스로를 표현한다. 또한 미국이 세계를 이끄는 강력한 리더십을 가지는 것을 찬성하는 '미국예외주의자'라고 자신에 대해 밝힌 바 있다.

정치성향은 어떠한가? 트럼프를 좀 이해하는 스타일이다. 진정한 중도, 더 극단적으로 이야기 하면 혼란스러운 중도라고 할 수도 있는데, 그 내면에는 그의 정치 무관심이 깔려져 있다고 본다. 그는 천성이 사업가이다. 그러나 알 수 없다. 트럼프도 저 나이에는 대통령할 생각이나 정치할 생각이 없었으니까.

[명언 플러스] 트럼프가 우주선 발사 성공을 보고 한 말

도널드 트럼프 미국 대통령은 우주선 '크루 드래건'이 이륙하는 것을 케네디우주센터에서 직접 참관했다. 그는 "믿을 수 없다. 우리나라에 영감을 준다.", "공공과 민간에서 함께 일한 항공우주국 사람들, 그리고 함께 일한 모든 사람들이 매우 자랑스럽다." 고 말했다.

XV. 다른 인물들에 대한 평가와 대립, 친화

1. "전 영국 총리 마가렛 대처는 터프하지만 의식 있고 공정합니다. 완벽과는 거리가 멀지만 그녀가 취한 행동들은 모든 점을 감안할 때 잘한 것이었죠. 애플의 스티브 잡스, 마이크로소프트의 빌 게이츠는 '위대한 과학 기술자'입니다. 월트 디즈니 역시 '아주 위대한 혁신가'라고 생각합니다."

L'ancienne première ministre britannique Margaret Thatcher est dure mais consciente et juste. C'est loin d'être parfait, mais les actions qu'elle a prises étaient une bonne chose, étant donné tout. Steve Jobs d'Apple et Bill Gates de Microsoft sont de «grands technologues». Je pense que Walt Disney est aussi un `` très grand innovateur ''

[명언 커멘트] 컨텐츠의 중시

테슬라가 그간의 다른 오토모빌사와 다른 점은 바로 자동차에 컨텐츠를 입히려는 꾸준한 시도도 분명히 한 축을 차지한 것이다. 자율 주행차도 그런 반열에서 나오는 것이다. 적어도 시판차를 기준으로 하면 테슬라의 자율 주행기능이 가장 뛰어나다.

[명언 플러스] 천재는 천재를 알아본다

일론 머스크 그의 현대적 인물들에 대한 평가는 마가렛 대처, 스티브 잡스,

빌 게이츠, 월트 디즈니를 평가한 말들에서 알 수 있듯이 나쁘지 않은 편, 후한 편이다.

1-1. "잡스는 있는 것을 바꿨지만, 머스크는 새로운 시장을 창조했다"고 평가한다.

-머스크 예찬론자들

Les emplois ont changé ce qui existait, mais Musk a créé un nouveau marché.

[명언 커멘트] 스티브 잡스와의 비교

아마도 그는 스티브 잡스의 위대성을 절대로 간과하지 않을 것이다. 우리가 마치 구경꾼 즉 spectator 로서 아쉬운 게 있다면 잡스가 너무도 일찍 죽었다는 사실이다. 그가 살아있었더라면 둘의 대결이 볼만했을 텐데 말이다. 분명히 잡스도 모빌리티에 진출을 했을 텐데 말이다.

2. [에디슨에 대한 평가와 선호] "나는 에디슨이야말로 확실한 롤 모델, 그러니까 가장 위대한 롤 모델 가운데 하나라고 생각합니다. 우리 자동차 회사 이름이 테슬라인 것은... 우리가 교류 유도전동기를 이용하고 있는데 그것을 테슬라(니콜라 테슬라)가 만들어냈기 때문입니다. 테슬라는 더 큰 대우를 받아야 할 인물이죠. 하지만 이런저런 걸 감안할 때, 나는 사실 테슬라보다 에디슨의 팬입니다."

Je pense qu'Edison est un modèle de rôle défini, donc l'un des plus grands modèles de rôle. Le nom de notre constructeur automobile est Tesla... Nous utilisons un moteur à induction à courant alternatif parce que Tesla (Nicola Tesla) l'a fabriqué. Tesla est une personne qui mérite un meilleur traitement. Mais étant donné ceci et cela, je suis en fait un fan d'Edison plus que de Tesla.

[명언 커멘트]

그가 테슬라의 창업자는 아니다. 그런 역사도 좀 알아둬야 한다. '테슬라는 원래 일론 머스크가 만든 회사가 아니라는데요. 그게 사실인지요?'라는 질문을 많이 듣는다. 사실이다. 어쩌면 관종심리 같은 태도를 보면 그는 테슬라의 대표이지만 더 성향은 에디슨스럽다.

3. [제프 베이조스의 아마존을 향해서 일론 머스크가] "아마존을 해체할 때다. 독점은 나쁘다!"

Il est temps de démanteler Amazon. Le monopole est mauvais!

[명언 커멘트] 아마존과 제프 베이조스에 대한 라이벌 의식

미국사람들에게 가장 체감도가 높은 두 회사를 업종에 가리지 말고 이야기하라고 하면 단연 테슬라와 아마존이다. 특히 아마존은 아마도 생활 곳곳에 파고 들어가서 아마조네이션이라는 말조차 생겼다. 그런 제프 베이조스에게 일론 머스크가 라이벌 의식을 안 느낀다면 그게 이상할 일이 될 것이다. 아래의 신문 기사를 보자.

일론 머스크 테슬라 최고경영자가 제프 베이조스 아마존 CEO를 겨냥해 "아마존을 해체해야 할 시간"이라고 맹비난했다. 미 경제매체 CNBC방송 등에 따르면 머스크 CEO는 4일(현지시간) 트위터에서 베이조스를 태그하면서 "아마존을 해체할 때다. 독점은 나쁘다!"고 비판했다. 이 트윗은 신종 코로나바이러스 감염증(코로나19)과 관련된 자신의 책이 '아마존 가이드라인을 위배했다'는 이유로 킨들에서 유통되지 못한다는 작가 알렉스 베렌슨의 불만 제기에 대한 반응이었다. 머스크 CEO는 베이조스 CEO를 향해 "이건 미친 일"이라고 반발했다. 아마존 측은 이후 해당 책은 오류로 제한됐었고 원상태로 복구됐다고 밝혔다. 또 책 판매 허가는 머스크 CEO와는 무관하며, 베렌슨에게 개인적인 연락을 취했다고 설명했다. 베렌슨은 아마존이 판매를 승인한 뒤 "머스크와 도움을 준 모두에게 감사하다"고 말했다.17)

[명언 플러스] 제프 베이조스와의 경쟁관계, 그리고 잡스까지의 3자 경쟁 구도

1) 기본 의미

둘은 잘 부딪친다. 원래 절대 군웅은 하나일 수밖에 없듯이 말이다.

2) 스티브 잡스가 살았다면

아쉬운 것은 스티브 잡스가 있었더라면 더욱더 둘이 볼만했을 텐데 말이다. 분명히 그는 전기차 사업을 했을 거다. 모빌리티 자체는 안 하더라도 분명히 전장이라도 열심히 했을 거다. 그랬다면 그들의 삼자 구도가 참으로 궁금하다.

---

17) 뉴스1 20년 6월 5일

XVI. 부록

〈 키워드 〉

공매도

나노 와이어 배터리

나노와이어

니콜라

니콜라 테슬라

록펠러

마리화나

모델 3

미라이

배터리데이

소부장

솔라시티

스페이스X

아마조네이션

아파르트헤이트

양치기

역발상

연료전지

이스터에그

인공지능

자율주행

재료과학

전고체 전지=전고체 배터리

제프 베이조스

카리스마

코로나

크루 드래건

테슬라

토요타

팀웍

피드백

현대자동차

< 참고서적 >

- 442 시간 법칙 (일론 머스크와 빌 게이츠에게 배우는 시간의 힘), 하태호 저, 중앙경제평론사, 2020.

- 부의 대이동, 오건영 저, 페이지2, 2020.

- 인공지능, 무엇이 문제일까?, 김상현 저, 동아엠앤비, 2020.

- 일론 머스크, 미래의 설계자, 애슐리 반스 저, 김영사, 2015.

- 초격차: 리더의 질문, 권오현 저, 쌤앤파커스, 2020.

- 테슬라 모터스, 찰스 모리스 저, 을유문화사, 2020.

- 테슬라와 아마존을 알면 데이터 금융이 보인다, 김민구 저, 성안당, 2020.

- 투자의 태도, 곽상준 저, 위너스북, 2020.

- 트렌드 코리아 2021, 김난도 외 8명 저, 미래의창, 2020.

도 서 명: 일론머스크의 명언과 삶 그리고 약간의 프랑스어
저　　자: 비피기술거래
초판발행: 2020년 12월 2일
발　　행: 비피기술거래
발 행 인: 박기혁
등록번호: 제2016-000034호
주　　소: 서울특별시 영등포구 버드나루로 130 1층 104호(당산동, 강변래미안)
Tel.(02) 535-4960　Fax.(02)3473-1469

Email. kyoceram@naver.com

이 도서의 국립중앙도서관 출판예정도서목록(CIP)은 서지정보유통지원시스템 홈페이지(http://seoji.nl.go.kr)와 국가자료종합목록 구축시스템(http://kolis-net.nl.go.kr)에서 이용하실 수 있습니다. (CIP제어번호 : CIP2020050246)

BP기술거래 베스트셀러 LIST 10

만화 김영란법 Q&A

저자 김상묵 / 30,000 원

동호인 테니스를 이기는 절대적인 방법 발리 [VOLLEY]

저자 박기혁 / 25,000 원

학교에서 배우지 않는 것들

글 김상묵 그림 김서현 / 30,000 원

융합은 즐거움이다

저자 비피기술거래 / 30,000 원

누구나 이모티콘을 제작할 수 있다

저자 비피기술거래 / 60,000 원

블록체인 산업 지도를 바꾼다

저자 비피기술거래 / 60,000 원

자율주행자동차 인공지능 보고서

저자 비피기술거래 / 60,000 원

4차산업과 마이스(MICE) 컨벤션 산업의 발전

저자 박기혁, 송승룡, 비피국제회의기획 / 30,000 원

자율주행 자동차 시대를 위한 법적인 과제와 준비

저자 권영실 변호사 / 60,000 원

문재인 정부의 과학기술정책

저자 비피기술거래 / 60,000 원

BP Book List

001 유아용품 시장조사 보고서 (20161027 절판)

002 페라이트시트 관련 시장동향 보고서
　　저자 비피기술거래 / 120,000

003-2 [개정판] 페로브스카이트 태양전지 국내외 현황조사
　　저자 비피기술거래 / 120,000

004-1 [개정판] LED 산업 분석
　　저자 비피기술거래 / 120,000

005-1 [개정판] Silver Epoxy & Ink Cu ink&paste 시장보고서
　　저자 비피기술거래 / 120,000

006 확대되는 열가변저항기(Thermistor)의 기술, 시장 전망과 최근 개발 동향
　　저자 비피기술거래 / 120,000

007-1 [개정판] 자동차용 배기온도센서 관련 시장동향 보고서
　　저자 비피기술거래 / 120,000

008-1 [개정판] 골충전재 시장 조사 보고서
　　저자 비피기술거래 / 120,000

009-2 [개정판] 전고체전지 기술조사 보고서
　　저자 비피기술거래 / 120,000

010-1 [개정판] 티타늄 소재시장 가능성과 수요조사 보고서
　　저자 비피기술거래 / 120,000

011-1 [개정판] Etchant 기술동향 및 분석보고서
　　저자 비피기술거래 / 120,000

012-1 [개정판] 다공성세라믹 적용 산업 현황 보고서
　　저자 비피기술거래 / 90,000

013 [개정판] 열전발전소자 및 Hermetic sealing 관련 기술동향 및 분석 보고서 (20180214 절판)
　　저자 비피기술거래 / 120,000

014-1 [개정판] Fine Pitch 배선 형성용 구리에찬트 조사보고서
　　저자 비피기술거래 / 120,000

015-1 [개정판] 알루미늄 도금기술 접목한 섬유분야의 상용방안 및 시장성 보고서
　　저자 비피기술거래 / 120,000

016-1 [개정판] 쿼츠 Quartz 유리산업 분석을 통한 정밀광학기기 및 광학용부품 시장조사 보고서
　　저자 비피기술거래 / 120,000

017-1 고기능성 나노코팅 소재 보고서 (20170517 절판)

018-1 [개정판] 외발자전거 시장 조사 보고서
　　저자 비피기술거래 / 120,000

019-1 [개정판] 자전거 스마트폰 거치대 시장 조사 보고서
　　저자 비피기술거래 / 120,000

020-2 [개정판] 전력절감 시스템 시장조사 보고서
　　저자 비피기술거래 / 120,000

021-1 [개정판] 시멘트 산업 시장동향 보고서
　　저자 비피기술거래 / 120,000

022-2 [개정판] 1인 가구 증가에 따른 산업동향 변화보고서
　　저자 비피기술거래 / 120,000

023 전통문화의 시장 및 기술동향 – 한옥과 친환경주택
　　저자 비피기술거래 / 120,000

024 브렉시트(Brexit) 본질위기 유망산업 보고서
　　저자 비피기술거래 / 30,000

025 뉴로모픽기술과 시장보고서
　　저자 목하균 / 60,000

026-2 [개정판] 전기차 충전기 시장조사 보고서
　　저자 비피기술거래 / 120,000

027 신재생 에너지 기술 및 시장 분석
　　저자 김송호 / 60,000

028 테슬라의 한국 상륙–우리는 과거시대의 악몽을 반복할 것인가
　　저자 비피기술거래 / 60,000

029 김영란법 Q&A
　　저자 김상목 · 박기혁 / 60,000

030 회의를 디자인하라 (20180605 절판)
　　저자 김상목 / 30,000

031 도널드 트럼프 당선시의 한국경제, 기업에의 영향과 유망산업보고서
　　저자 비피기술거래 / 30,000

032 모바일 및 웨어러블 기기용 화학, 환경 센서 시장조사 보고서
　　저자 비피기술거래 / 120,000

033 전통문화의 시장 및 기술동향 – 전통식품
　　저자 비피기술거래 / 120,000

034 듀얼카메라 시장조사 보고서
　　저자 비피기술거래 / 120,000

035 기업들이 망하는 20가지 이유 – 신규 창업인이 회사를 망하게 하는 20가지 착각
　　저자 박기혁 / 30,000

036-2 [개정판] 모바일화에 따른 온라인 문화콘텐츠산업 동향
　　저자 비피기술거래 / 120,000

037-2 [개정판] 미세먼지에 관련된 국내시장분석 보고서
　　저자 비피기술거래 / 120,000

038-2 [개정판] 트렌드 변화에 따른 인테리어, 가구 시장 보고서
　　저자 비피기술거래 / 120,000

039 힐러리 클린턴의 집권이 우리나라에 미칠 영향
　　저자 비피기술거래 / 30,000

040-2 [개정판] MEMS 기술 산업 전략 보고서
　　저자 비피기술거래 / 60,000

041-2 [개정판] 반려동물 산업과 첨단 기술의 만남
　　저자 비피기술거래 / 60,000

042 할랄화장품
　　저자 비피기술거래 / 60,000

043 포켓몬go 성공요인과 파급 효과
　　저자 비피기술거래 / 30,000

044 융합은 즐거움이다 – 과학기술과 인문학의 collaboration
　　저자 비피기술거래 / 30,000

045 중국 의약품, 아동 의약품, 동물 의약품, 온라인 약국등의 시장과 제도 및 진출전략
　　저자 비피기술거래 / 60,000

046 조명시장과 OLED 시장보고서
　　저자 비피기술거래 / 60,000

047-1 [개정판] 고체산화물 연료전지(SOFC) 정책 및 시장과 개발 업체 동향, 기술현황과 사업아이템
　　저자 비피기술거래 / 120,000

048-1 [개정판] 방열소재시장과 기술동향
　　저자 비피기술거래 / 60,000

049 남성화장품 시장 조사 보고서
　　저자 비피기술거래 / 60,000

050 우리나라 지진역사와 주요국 대피시스템 비교 그리고 관련산업 동향
　　저자 목하균 / 60,000

BP Book List

051 집단 토론 면접 가이드 (20180605 절판)
저자 김상목 / 30,000

052 콘텐츠 큐레이션(Contents Curation)
저자 허두영 / 30,000

053 한국인이 두려워하는 대통령 트럼프가 제시한 5대중요정책(보호무역,한국혐오등)과 그에 대한 대처법 보고서 저자 비피기술거래 / 30,000

054 기후 변화와 녹색 성장
저자 김송호 / 60,000

055 적외선센서 보고서
저자 비피기술거래 / 120,000

056 교수 및 고위 공무원이 해외연수 잘 다녀오는 방법
저자 비피기술거래 / 30,000

057 그린 비즈니스 – 스마트 그리드그린건물 · LED 조명
저자 김송호 / 30,000

058 (만화) 김영란법 Q&A
저자 김상목 / 30,000

059 동호인 테니스게임에서 이기는 절대적 방법 – 발리
저자 박기혁 / 30,000

060 도널드 트럼프 당선 – 세계는 어떻게 될까
저자 비피기술거래 / 30,000

061 시스템 반도체 산업동향보고서
저자 목하균 / 120,000

062 R&D지원사업 200% 활용하기 연구소기업과 기업 부설연구소의 설립
저자 비피기술거래 / 25,000

063 COFFEE, 한 잔의 커피는 한 번의 여행과 같다
저자 이강복 / 30,000

064 대한민국 정치인과 기업인 리더가 트럼프의 대선 승리에서 배워야 할 7가지 교훈
저자 비피기술거래 / 60,000

065 주식시장리포트 – 이 주식들이 곧 오를 수밖에 없는 다섯 가지 이유
저자 비피기술거래 / 50,000

066-1 [개정판] 미국인이 사랑하는 미셸 오바마
저자 비피기술거래 / 30,000

067 그린 비즈니스 – 전기차와 이차전지
저자 김송호 / 60,000

068-1 [개정판] 화합물 반도체산업 동향 보고서
저자 박진석 / 120,000

069 중국 가전제품 시장 보고서
저자 비피기술거래 / 120,000

070 학교에서 배우지 않는 것들 – 어른이 되기 위한 인생 필수 교과서
저자 김상목 · 김서현 / 120,000

071 B급 전략 평범한 회사나 개인도 절대로 망하지 않게 하는 특급전략
저자 박기혁 / 30,000

072-1 [개정판] 편의점 사업의 현재와 미래 편의점 사업 이대로 좋은가
저자 비피기술거래 / 120,000

073 뉴요커를 사로잡을 7가지 사업 아이템
저자 비피기술거래 / 60,000

074 유커 발길을 잡아라 – 유커 관광산업 보고서
저자 비피기술거래 / 60,000

075-1 [개정판] 생활화학제품 이대로 좋은가? – 화학제품 공포증의 올바른 이해
저자 비피기술거래 / 60,000

076-2 [개정판] 베지테리안 국내외 채식주의 산업 시장 보고서
저자 비피기술거래 / 120,000

077-2 [개정판] 탄소섬유 국내외 기술 및 시장동향과 업계 현황 보고서
저자 김상목 · 박기혁 / 120,000

078 일본 이화학연구소 – 리켄(RIKEN)심층연구
저자 비피기술거래 / 60,000

079 정전기 방전 기술과 시장동향 보고서
저자 비피기술거래 / 60,000

080 만화 – 박사장의 집단토론면접가이드
저자 김상목 · 비피기술거래 / 30,000

081-1 [개정판] 반도체 멤스프로브카드의 최신 기술 및 시장 동향보고서
저자 비피기술거래 / 60,000

082 융합기술이 답이다 – 일본과 우리나라의 기술융합정책
저자 비피기술거래 / 60,000

083 대학교수 고위공무원의 1년연수(안식년, sabbatical) 잘 다녀오는 법
저자 박기혁 · 이인성 / 30,000

084 유아용품 시장동향 보고서 – 중국 유아용품시장을 중심으로
저자 비피기술거래 / 120,000

085 누구나 이모티콘을 제작할 수 있다 – 이모티콘의 현재와 미래시장 현황과 제작 및 등록방법
저자 비피기술거래 / 60,000

086 절삭공구에 대한 유저들의 니즈 파악 및 세라믹 응용 가능 분야 연구보고서
저자 비피기술거래 / 30,000

087 만화 – 박사장의 사업툰
저자 박기혁 · 비피기술거래 / 30,000

088 로드리고 두테르테의 명과 암 그리고 도널드트럼프
저자 비피기술거래 / 60,000

089 쾌남 이재명, 그는 누구인가? (20191121 절판)
저자 김상목 / 30,000

090-2 [개정판] 블록체인 산업 지도를 바꾼다
저자 비피기술거래 / 60,000

091 스퍼터(Sputter) 및 스퍼터링(Sputtering) 관련 산업 및 기업 시장 조사 보고서
저자 비피기술거래 / 60,000

092 자율주행자동차 시대를 위한 법적인 과제와 준비
저자 권영실 / 60,000

093-2 [개정판] 자율주행자동차 인공지능 보고서
저자 비피기술거래 / 60,000

094 삼일만에책한권쓰기프로젝트
저자 박기혁 / 30,000

095 첼시 클린턴, 무대에서다 – 反트럼프의 비상구
저자 비피기술거래 / 30,000

096 문재인 정부의 과학기술정책
저자 비피기술거래 / 60,000

097 일상 생활에서 사용하는 전기차 이야기 – 전기차의 매력
저자 안규찬 · 이봉길 / 60,000

098 만화 – 평범한 회사나 개인도 절대로 망하지 않게 하는 특급 B급 전략
저자 비피기술거래 / 30,000

099 만화로 읽는 학교에서 배우지 않는 것들 – 어른이 되기 위한 인생필수 교과서
저자 김상목 · 비피기술거래 / 30,000

100 문재인 정부의 부동산 정책 분석
저자 박기혁 · 변한수 · 비피기술거래 / 60,000

BP Book List

#	제목
101	알고 싶은 철도산업 이야기 저자 비피기술거래 / 60,000
102	사이버 섹스 산업 저자 비피기술거래 / 30,000
103	동호인 테니스를 끝내 이기기 위한 살인병기: 결정발리, 서브, 스매싱 저자 박기혁 / 25,000
104	동호인 테니스, 심리학과 심리전으로 무장하면 백전백승 저자 박기혁 / 25,000
105	4차산업과 마이스(MICE) 컨벤션 산업의 발전 저자 박기혁·송승룡·비피국제회의기획 / 30,000
106	건강한 피를 만들기 위한 섭취법 저자 비피기술거래 / 30,000
107	만화로 읽는 3일만에 책한권쓰기 프로젝트 저자 박기혁, 그림 비피기술거래 / 30,000
108	미생 몸매 소유자가 들려주는 완생 다이어트 저자 박기혁 / 30,000
109	메모의 마법 – 책이 술술술 써지는 메모 습관 저자 박기혁 / 30,000
110	노벨 두드림: 이 책 읽고 노벨상 받자 〈노벨평화상〉 편집 비피기술거래 / 30,000
111	노벨 두드림: 이 책 읽고 노벨상 받자 〈노벨문학상〉 편집 비피기술거래 / 30,000
112	노벨 두드림: 이 책 읽고 노벨상 받자 〈노벨물리학상 1〉 편집 비피기술거래 / 30,000
113	노벨 두드림: 이 책 읽고 노벨상 받자 〈노벨물리학상 2〉 편집 비피기술거래 / 30,000
114	노벨 두드림: 이 책 읽고 노벨상 받자 〈노벨화학상 1〉 편집 비피기술거래 / 30,000
115	노벨 두드림: 이 책 읽고 노벨상 받자 〈노벨생리의학상 1〉 편집 비피기술거래 / 30,000
116	노벨 두드림: 이 책 읽고 노벨상 받자 〈노벨화학상 2〉 편집 비피기술거래 / 30,000
117	노벨 두드림: 이 책 읽고 노벨상 받자 〈노벨생리의학상 2〉 편집 비피기술거래 / 30,000
118	노벨 두드림: 이 책 읽고 노벨상 받자 〈노벨경제학상 2〉 편집 비피기술거래 / 30,000
119	후미진 곳의 매출부진 카페에 손님이 들게 하는 마법-카피스 카페 설립하기 저자 박기혁·송승룡·비피기술거래 / 30,000
120	현직 카페 주인 100명이 말하는 카페 커피숍 무조건 망하니까 절대 하지마라 저자 박기혁·송승룡·비피기술거래 / 30,000
121	현직 카페 사장 100인이 말하는 성공하는 서점겸 카페 차리기 저자 박기혁·송승룡·비피기술거래 / 30,000
122	현직 카페 사장 100인이 말하는 커피숍 바리스타 저자 박기혁·송승룡·비피기술거래 / 30,000
123-2	[개정판] 미래산업시리즈 – 3D 스캐닝 산업 저자 비피기술거래 / 60,000
124	124.성공하는 카페는 이렇게 일한다 저자 비피기술거래 / 30,000
125-2	[개정판] 드론 그것이 궁금하다 저자 비피기술거래 / 60,000
126	냉면으로 대박나는 요식업 창업전략 (20180430 절판) 저자 비피기술거래 / 30,000
127	위조 방지 기술 저자 비피기술거래 / 60,000
128-2	[개정판] 뉴로모픽 그것이 궁금하다 저자 비피기술거래 / 60,000
129-1	[개정판] 4차 산업혁명의 기회 – 누구나 뉴칼라가 될 수 있다 저자 비피기술거래 / 60,000
130	산전수전 다겪은 선배가 알려주는 캠퍼스 라이프 꿀팁 저자 비피기술거래 / 30,000
131	하루만에 끝내는 전자회로 개론 저자 비피기술거래 / 30,000
132	휴대폰 호갱 탈출기 (20180330 절판) 저자 비피기술거래 / 30,000
133	소비자를 사로잡는 특별한 10퍼센트: 스페셜티 카페의 모든것 저자 비피기술거래 / 30,000
134	원소의 탄생일지1: 주기율표song 저자 비피기술거래 / 60,000
135	4차 산업혁명 파생산업 시리즈: PID 센서 저자 비피기술거래 / 60,000
136	에코-프렌들리 비즈니스의 첫걸음: 난 돈 벌면서 커피 찌꺼기 버린다 저자 비피기술거래 / 30,000
137	4차 산업혁명 파생산업 시리즈: 에너지 절약형 유리 저자 비피기술거래 / 60,000
138	21세기 팥빙수 백서 (20180531 절판) 저자 비피기술거래 / 30,000
139	온 국민이 즐기는 응원제 저자 비피기술거래 / 30,000
140	전 세계에 파란을 예고한 물 부족_인쇄용 저자 비피기술거래 / 30,000
141-1	[개정판] 똑똑한 AI를 만드는 작은 차이, 머신러닝과 딥러닝 저자 비피기술거래 / 60,000
142	4차 산업혁명 파생산업 시리즈: 저온 동시 소성 세라믹스 저자 비피기술거래 / 60,000
143	원소의탄생일지2: 전이금속 저자 비피기술거래 / 30,000
144	원소의탄생일지3: 세계자원확보전쟁의 주인공 희토류 저자 비피기술거래 / 30,000
145	~~천원이면 누구나 할 수 있는 복권 재테크 – 로또복권~~ ~~저자 비피기술거래 / 30,000~~
146	폭락장 속의 생존기술: 가상화폐의 기초 이해하기 저자 비피기술거래 / 30,000
147	한권으로 끝내는 텐서플로, AI 머신러닝 개발하기 저자 비피기술거래 / 30,000
148	4차 산업혁명 파생산업 시리즈: 주문형 반도체 산업 저자 비피기술거래 / 60,000
149	~~Why(Y)세대 트렌드; 털(毛)털(毛)한 남자_최종~~ ~~저자 비피기술거래 / 30,000~~
150	1퍼센트를 위한 한국과 중국의 도자기 산업백서 저자 비피기술거래 / 30,000

BP Book List

151-1 [개정판] 4차 산업혁명 파생 기술 시리즈; 스마트 그리드와 사물인터넷, 빅데이터의 이해
저자 비피기술거래 / 60,000

152 나는 비트코인 말고 미생물에 투자하기로 결심했다; 떠오르는 에코 프랜들리 비즈니스
저자 비피기술거래 / 60,000

153 주(住)목하라, 삶의 공간에 관한 디자인과 인테리어
저자 비피기술거래 / 30,000

154-1 [개정판] 4차 산업혁명 파생 산업 시리즈: ICT 서비스 산업
저자 비피기술거래 / 60,000

155 알기 쉬운 암호 기술 변천사; 고전기술에서 비트 코인까지
저자 비피기술거래 / 60,000

156 ~~청춘의 연애심리학: 올해는 반드시 연애 많이 하는 남자가 되자~~
~~저자 비피기술거래 / 30,000~~

157 한권으로 끝내는 전기공학 개론
저자 비피기술거래 / 60,000

158 4차 산업혁명 파생 기술 시리즈; 반도체 공정 중 다공성 회전 바이스 산업 분석
저자 비피기술거래 / 60,000

159 한권으로 끝내는 블록체인 원천 기술: 현대의 암호학
저자 비피기술거래 / 60,000

160 4차산업혁명 파생기술 시리즈: 수소에너지 제조 기술
저자 비피기술거래 / 60,000

161 당신도 할 수 있다 청춘 재테크; 자취방부터 주택 청약까지
저자 서울대OB주식연구회 / 30,000

162 ~~캠핑 마스터, 오감으로 즐기는 365일 캠핑~~
~~편집 비피엔터컨텐츠연구소 / 30,000~~

163 4차산업혁명 파생기술 시리즈: 에너지 저장 기술 (ESS) (20190425 절판)
저자 비피기술거래 / 60,000

164 제4차 산업혁명의 꽃 전장사업; 왜 삼성은 전장사업에 목숨을 걸까
저자 비피기술거래 / 60,000

165 PD, 작가들이 즐겨보는 방송소재집; 요식업 창업 전략 '냉면' 편
편집 비피엔터컨텐츠연구소 / 30,000

166 청춘 산업 보고서; PD, 드라마 작가, 소설가들이 꼭 봐야할 참신한 이야기
편집 비피엔터컨텐츠연구소 / 30,000

167-1 [개정판] 4차 산업혁명 벨류체인 및 ICT 산업 전략 분석
저자 비피기술거래 / 60,000

168 잘 나가는 BJ들의 비밀 코드; 1인 미디어 플랫폼 시장 산업 분석
편집 비피엔터컨텐츠연구소 / 30,000

169 동호인 테니스, 고수가 되는 법은 손목에 있다
저자 박기혁 / 25,000

170 인터넷쇼핑 싸게 잘하는 핵꿀팁
편집 비피엔터컨텐츠연구소 · 조아영 / 30,000

171 떠오르는 태양 E-SPORTS
편집 비피엔터컨텐츠연구소 / 30,000

172 인공지능 시대에 대비한 지방대생 성공전략
저자 김송호 / 30,000

173-1 [개정판] 주식투자자들이 꼭 알아야 할 인공지능 트렌드와 주요기업 현황
저자 비피기술거래 · 한상훈 / 60,000

174-1 [개정판] 인슈어테크 산업전망 및 발전전략 보고서
저자 비피기술거래 / 60,000

175-1 가상현실, 증강현실 산업 분석
저자 비피기술거래 / 60,000

176 연수 첫 날 나눠주는 다른 회사 메뉴얼 훔쳐보기
저자 박기혁 · 비피기술거래 / 30,000

177 세계 환경과 관련한 사건, 사고 분석 보고서
저자 비피기술거래 / 30,000

178 4차 산업혁명을 현명하게 헤쳐나갈 유아교사를 위한 안내서
저자 비피교육연구소 / 30,000

179-1 [개정판] 4차 산업혁명 시대의 바이오 산업 분석 보고서
저자 비피기술거래 / 60,000

180 잘 팔리는 책을 빨리 쓰는 방법; 커피타임즈 글쓰기 책내기 센터 전략서
저자 비피기술거래 / 30,000

181 미생 몸매 소유자가 들려주는 완생 다이어트 (한국어, 베트남어)
저자 비피기술거래 / 30,000

182-1 [개정판] 정부도 인정한 4차 산업의 핵심, GAME 산업의 1 to 100
저자 비피기술거래 / 60,000

183 경력단절 여성들이여 친정오빠 말대로 글쓰고 책내서 돈도 벌렴
저자 비피기술거래 / 25,000

184 4차 산업혁명 시대의 로봇 백서; 로봇 기술의 모든 것
저자 비피기술거래 / 60,000

185 디스플레이 전쟁
저자 비피기술거래 / 60,000

186 베트남에서 사업하고 싶은 사람을 위한 베트남 정보 개론
저자 비피기술거래 / 30,000

187 현직카페 사장 100인이 말하는 카페손님으로서의 공부족 연구
저자 비피기술거래 / 30,000

188 O2O 전쟁터 4차 산업혁명 시대의 숙박산업 보고서
저자 비피기술거래 / 30,000

189 리스닝 완벽하게 하기; 말하는 사람의 단어 하나하나를 충실히 듣기와 새기기
저자 비피기술거래 / 30,000

190-1 [개정판] 인공지능 기술과 콘텐츠 전쟁의 현주소; 최신 기술 및 유망산업 백서
저자 비피기술거래 / 60,000

191 정부도 인정한 4차 산업의 핵심, GAME 산업의 1 to 100 (한국어베트남어)
저자 비피기술거래 / 60,000

192 마음의 힐링, 인생 사업의 혁신을 위해 알래스카를 다녀와야 할 45가지 이유
저자 비피기술거래 / 30,000

193-1 [개정판] 백세시대를 준비하는 헬스케어 산업의 동향과 전망
저자 비피기술거래 / 60,000

194 마이크로웨이브 건조기술 백서
저자 비피기술거래 / 60,000

195 인도에서 사업하고 싶은 사람을 위한 인도 정보 개론
저자 비피기술거래 · 박기혁 공저 / 30,000

196 현장의 유아교사를 위한 유아 교육프로그램
저자 비피교육연구소 / 30,000

197 화장품 사업 개론
저자 비피기술거래 / 30,000

198-1 [개정판] 4차 산업혁명의 핵심; 에너지 신기술 보고서
저자 비피기술거래 · 한상훈 / 60,000

199 4차 산업과 마이스(MICE) 컨벤션 산업의 발전 (한국어, 베트남어)
저자 비피기술거래 / 60,000

200 혼자 영화 보기의 46가지 장점과 소확행 이야기
저자 비피기술거래 / 30,000

보고서

BP Book List

201-1 [개정판] 이너뷰티와 4차 산업혁명의 만남; 건강기능식품 산업 보고서
저자 비피기술거래 / 60,000

202 MIT 10대 유망 기술과 유관 산업 분석
저자 비피기술거래 / 30,000

203 동호인 테니스, 배드민턴처럼 치면 금방 고수가 된다
저자 박기혁 / 25,000

204 PD, 작가들이 즐겨보는 방송소재집;청춘이 열광하는 음악에 대한 이야기
저자 비피엔터컨텐츠연구소 / 30,000

205 카페 커피숍 무조건 망하니까 절대 하지마라 (베트남어)
저자 비피베트남어연구회 / 30,000

206 모으고, 절약하고, 불리는 재테크의 모든 것
저자 서울공대OB주식연구회 / 30,000

207 누구나 쉽게 무료로 저자가 될 수 있다
저자 비피생활문화연구소 / 30,000

208 작지만 강한 카페로 살아남는 법; 책 저자를 무료로 만들어 주는 카페
저자 비피생활문화연구소 / 30,000

209-1 [개정판] 4차 산업시대의 스마트 가전
저자 비피기술거래 / 60,000

210 베트남인 생활 관찰 정보를 통한 유망 사업 수요 분야 정리
저자 비피기술거래 / 30,000

211 좋은 수업을 꿈꾸는 유아교사를 위한 발문 안내서
저자 비피교육연구소 / 30,000

212 중미 무역 전쟁; 뉴패러다임의 도래와 우리의 과제
저자 비피기술거래 / 30,000

213-1 [개정판] 5G 시대의 도래와 정보 보안
저자 비피기술거래 / 60,000

214-1 [개정판] 4차 산업혁명 시대의 교육 산업의 변화
저자 비피교육연구소 / 60,000

215-1 [개정판] 4차 산업혁명과 힐링산업 코드
저자 비피기술거래 / 60,000

216-1 [개정판] 4차 산업혁명 시대의 무인산업 안내서
저자 비피기술거래 / 60,000

217 작은 카페 차려서 망하지 않으려면 카페와 출판사를 같이 차려라
저자 비피기술거래 / 30,000

218 잘 팔리는 책을 빨리 쓰는 방법; 커피타임즈 글쓰기 책내기 센터_베트남어
저자 비피베트남어연구회 / 30,000

219 4차 산업혁명과 공유 경제; 공유 플랫폼 전략
저자 비피기술거래 / 30,000

220 작은 카페 창업은 셀프 카페, 스터디 카페, 무인 카페로 손해를 줄여라
저자 비피생활문화연구소 / 30,000

221 독후감으로 읽는 대학생이라면 꼭 읽어야 할 필독도서
저자 비피교육연구소 / 30,000

222 비평문으로 읽는 대학생이라면 꼭 읽어야 할 필독도서
저자 비피교육연구소 / 30,000

223 산업 트렌드로 떼돈는 창업전략; 코인노래방
저자 비피생활문화연구소 / 30,000

224 한반도 폭염을 정책과 사업, 소확행 관점에서 심상치 않게 볼 57가지 이유
저자 비피기술거래 / 30,000

225 4차 산업혁명시대의 자율주행 자동차 산업백서
저자 비피기술거래 / 60,000

226 3일 만에 책 한 권 쓰기 프로젝트 (베트남어)
저자 비피베트남어연구회 / 30,000

227 미술활동을 좋아하는 유아교사를 위한 아동미술심리 입문하기
저자 비피교육연구소 / 30,000

228 새벽 지하철이 부와 건강을 가져다주는 26가지 이유; 소확행과 글쓰기
저자 비피생활문화연구소 / 30,000

229 창업 대비 필수 마케팅 전략 보고서
저자 비피기술거래 / 30,000

230 PD, 작가들이 즐겨보는 방송소재집; 글쓰기로 우울증 극복하는 방법
저자 비피기술거래 / 30,000

231 하루만에 끝내는 전자회로 개론
저자 비피생활문화연구소 / 30,000

232 누구나 쉽게 무료로 저자가 될 수 있다 (베트남어)
저자 비피베트남어연구회 / 30,000

233 PD, 작가들이 즐겨보는 스토리 소재집; 치과의사와 치과병원편
저자 비피생활문화연구소 / 30,000

234 잘 나가는 유튜브와 책 만들기; 13가지 이유라는 식으로 제목을 잡아라
저자 비피생활문화연구소 / 30,000

235 LG화학주식 매수 전 알아야 할 용어와 이슈 54가지
저자 서울공대OB주식연구회 / 30,000

236 작지만 강한 카페로 살아남는 법; 책 저자를 무료로 만들어 주는 카페(베트남어)
저자 비피베트남어연구회 / 30,000

237 박항서 감독이 몰고 온 베트남 바람
저자 비피기술거래 / 30,000

238 삼성전자 주식 매수 전 알아야 할 용어와 이슈 30가지
저자 서울공대OB주식연구회 / 30,000

239 회사의 자금을 원활히 조달하는 방법; 작은 회사 대표도 할 수 있는 미니 M&A
저자 비피기술거래 / 30,000

240 해외에서 글을 쓰면 빨리 좋은 글이 써지는 59가지 이유; 소확행적 해외 글쓰기 꿀팁
저자 비피생활문화연구소 / 30,000

241 미국 방열기판 시장 동향 조사 분석
저자 비피기술거래 / 60,000

242 장사가 부진한 카페는 상담 카페로 전환해서 적자를 면하라
저자 비피생활문화연구소 / 30,000

243 해외에서 유튜브 아이디어를 구상하면 좋은 63가지 이유; 유튜브 시장 성공전략 1
저자 비피생활문화연구소 / 30,000

244 잘 나가는 웹툰 만들기; 13가지 이유라는 식으로 제목을 잡아라
저자 비피생활문화연구소 / 30,000

245 예술의 17가지 속성을 이해해야 1인 미디어로 돈 번다; 유튜브 시장 성공전략 2
저자 비피생활문화연구소 / 30,000

246 셀트리온 3형제 주식 매수 전 알아야 할 이슈와 용어 34가지
저자 서울공대OB주식연구회 / 30,000

247 중국 방문 없이 중국을 빠르게 이해하는 법; 유튜브 시장 성공전략 3
저자 비피생활문화연구소 / 30,000

248 원격의료 그 논란의 속살을 파헤친다
저자 비피기술거래 / 60,000

249 4개 국어에 능통하면 유튜버와 소확행에 좋은 10가지 이유; 유튜브 시장 성공전략 4
저자 비피생활문화연구소 / 30,000

250 닌텐도 주식 투자 전 알아야 할 닌텐도의 모든 것
저자 서울공대OB주식연구회 / 30,000

BP Book List

251 외국어 들리는 대로 한글로 적어라; 4개 국어 하는 취준생 양성 프로젝트 1
저자 비피생활문화연구소 / 30,000

252 4개 국어 하는 고경력 은퇴자 양성 프로젝트 1; 외국어 들리는 대로 한글로 적어라
저자 비피생활문화연구소 / 30,000

253 전문가가 말하는 화장품업 진입 및 미래 생존전략; 사업자를 위한 화장품 정보 각론
저자 비뷰티바이오사업부 / 30,000

254 미국이 중국 푸젠반도체를 제재함의 경제 정책적 의미; 주식 시장 영향 분석집 1
저자 서울공대OB주식연구회 / 30,000

255 SK텔레콤 주식 매수 전 알아야 할 용어와 이슈 41가지; 주식 시장 영향 분석집 2
저자 서울공대OB주식연구회 / 30,000

256 동진쎄미켐 주식 매수 전 알아야 할 용어와 이슈 55가지; 주식 시장 영향 분석집 3
저자 서울공대OB주식연구회 / 30,000

257 중국 푸젠반도체를 트럼프가 제재함의 산업 정책적 의미; 정책가와 테크노파크 연구원 필독서 1
저자 비피기술거래 / 30,000

258 외국어 들리는 대로 한글로 적어라; 4개 국어 하는 기업 간부 양성 프로젝트 1
저자 비피생활문화연구소 / 30,000

259 중국제조 2025; 미중 무역 전쟁의 배경과 전망
저자 비피기술거래 / 30,000

260 아디다스, 나이키 주식 매수 전 알아야 할 키워드 48가지; 주식 시장 영향 분석집 4
저자 서울공대OB주식연구회 / 30,000

261 공부의 신들이 말하는 변호사 시험 무조건 합격하는 법 1; 주관식 시험 눈으로만 보면 망한다
저자 비피생활문화연구소 / 30,000

262 신라젠 주식 매수 전 알아야 할 용어와 이슈 30가지; 주식 시장 영향 분석집 5
저자 서울공대OB주식연구회 / 30,000

263 키워드를 선점해야 돈 번다; 유튜브 시장 성공전략 5
저자 비피생활문화연구소 / 30,000

264 해외에서 글을 쓰면 빨리 좋은 글이 써지는 59가지 이유 (베트남어)
저자 비피베트남어연구회 / 30,000

265 삼성바이오로직스 주식 매수 전 알아야 할 용어와 이슈 54가지; 주식 시장 영향 분석집 6
저자 서울공대OB주식연구회 / 30,000

266 푸젠반도체를 둘러싼 미중 무역전쟁과 반도체 상식 늘리기; 취업 면접 대비집
저자 비피기술거래 / 30,000

267 탄수화물 섭취 체계적으로 줄이기; 건강하게 다이어트 하는 법 1
저자 비피생활문화연구소 / 30,000

268 주관식 시험 눈으로만 보면 망한다; 공부의 신들이 말하는 행정고시 무조건 합격하는 법 1
편집 비피엔터컨텐츠연구소 / 30,000

269 네이버 주식 매수 전 알아야 할 키워드 39가지; 주식 시장 영향 분석집 7
저자 서울공대OB주식연구회 / 30,000

270 책 읽어주는 유튜브; 유튜브 시장 성공전략 6
저자 비피생활문화연구소 / 30,000

271 게임 관련 기업 주식 매수 전 알아야 할 용어와 이슈 31가지; 주식 시장 영향 분석집 8
저자 서울공대OB주식연구회 / 30,000

272 한미약품 주식 매수 전 알아야 할 용어와 이슈 56가지; 주식 시장 영향 분석집 9
저자 서울공대OB주식연구회 / 30,000

273 미디어 플랫폼 기업 주식 매수 전 알아야 할 용어와 이슈 30가지; 주식 시장 영향 분석집 10
저자 서울공대OB주식연구회 / 30,000

274 투잡 유튜버가 돼야 오래 간다; 유튜브 시장 성공전략 7
저자 비피생활문화연구소 / 30,000

275 외국어 문법 상관없이 듣고 적어라; 4개 국어 하는 유튜버 양성 프로젝트 1
저자 비피생활문화연구소 / 30,000

276 4차 산업혁명 시대를 뒷받침하는 핵심 소재 이야기
저자 비피기술거래 / 60,000

277 외국어 2음절씩 리듬 타고 들어와라; 4개 국어 하는 유튜버 양성 프로젝트 2
저자 비피생활문화연구소 / 30,000

278 대웅제약 주식 매수 전 알아야 할 용어와 이슈 58가지; 주식 시장 영향 분석집 11
저자 서울공대OB주식연구회 / 30,000

279 장기적 불황을 타개하고 산업을 선도할 수출 효자 종목 및 국내 유망 신산업 11가지
저자 비피기술거래 / 30,000

280 역량의 10프로만 유튜브에 투자하라; 출판사에서 유튜브 회사로의 전환 전략 1
저자 비피생활문화연구소 / 30,000

281 베스트 요약으로 제목과 타겟을 정하라; 출판사에서 유튜브 회사로의 전환 전략 2
저자 비피생활문화연구소 / 30,000

282 GC녹십자 주식 매수 전 알아야 할 용어와 이슈 62가지; 주식 시장 영향 분석집 12
저자 서울공대OB주식연구회 / 30,000

283 카카오뱅크 모임통장이 대박 난 이유; 주식 시장 영향 분석집 13
저자 서울공대OB주식연구회 / 30,000

284 한국전력 주식 매수 전 알아야 할 용어와 이슈; 주식 시장 영향 분석집 14
저자 서울공대OB주식연구회 / 30,000

285 화학회사들이 올인하는 TIM과 엘라스토머 등 전기차 방열문제 트렌드; 주식 시장 영향 분석집 15
저자 서울공대OB주식연구회 / 30,000

286 일동제약 주식 매수 전 알아야 할 용어와 이슈 49가지; 주식 시장 영향 분석집 16
저자 서울공대OB주식연구회 / 30,000

287 유한양행 주식 매수 전 알아야 할 용어와 이슈 48가지; 주식 시장 영향 분석집 17
저자 서울공대OB주식연구회 / 30,000

288 전자책 이북과 유튜브를 같이 하라; 출판사에서 유튜브 회사로의 전환 전략 3
저자 비피생활문화연구소 / 30,000

289 종근당 주식 매수 전 알아야 할 용어와 이슈 52가지; 주식 시장 영향 분석집 18
저자 서울공대OB주식연구회 / 30,000

290 한 권으로 살펴보는 에너지저장시스템 (ESS)
저자 비피기술거래 / 60,000

291 의미 부여로 단어를 외우고 눈으로 받아쓰라_ 4개 국어 하는 유튜버 양성 프로젝트 3
저자 비피생활문화연구소 / 30,000

292 현대자동차 주식 매수 전 알아야 할 용어와 이슈_ 주식 시장 영향 분석집 19
저자 서울공대OB주식연구회 / 30,000

293 에너지저장시스템(ESS)과 관련한 최신 이슈 26가지
저자 비피기술거래 / 60,000

294 사회복지직공무원 시험 마약 암기법
저자 비피공무원시험연구소 / 30,000

295 JW중외제약의 핫 키워드와 이슈 모르면 주식 대박 힘들다
저자 서울공대OB주식연구회 / 30,000

296 9급 일반행정직 시험 모르면 나만 떨어지는 마약 암기법
저자 비피공무원시험연구소 / 30,000

297 9급 일반행정직 마약 암기에 따른 문제풀이법
저자 비피공무원시험연구소 / 30,000

298 반도체주의 핫 키워드와 이슈 모르면 주식 대박 힘들다_ SK하이닉스 편
저자 서울공대OB주식연구회 / 30,000

299 자율주행 자동차주의 핫 키워드와 이슈 모르면 주식 대박 힘들다_ 현대모비스 편
저자 서울공대OB주식연구회 / 30,000

300 7급 일반행정직 공무원시험 모르면 나만 떨어지는 마약 암기법
저자 비피공무원시험연구소 / 30,000

BP Book List

301	JLPT N4,N5 단어 기독교 신앙심으로 초스피드 외우기 저자 비피일본어연구회 / 19,500
302	최단시간으로 중국어 HSK 2~4급 획득하는 법 저자 비피중국어연구회 / 19,500
303	1인 미디어플랫폼주의 핫 키워드와 이슈 모르면 주식 대박 힘들다 저자 서울공대OB주식연구회 / 19,500
304	5G 빅사이클 시작, 이동통신 3사의 핫 키워드와 이슈 모르면 주식 대박 힘들다 저자 서울공대OB주식연구회 / 19,500
305	5G 최대수혜주, 통신장비업종 3사의 핫 키워드와 이슈 모르면 주식 대박 힘들다 저자 서울공대OB주식연구회 / 19,500
306	기출로 보는 임상심리사 2급 필기_ 최단 시간 마약 암기 문제풀이법 저자 최단시간임상심리사연구회 / 19,500
307	전교 20등을 전교 5등으로 만드는 문제풀이법 저자 전교5등클리닉 / 19,500
308	5G 최대수혜주, 5G폰 부품업체 4사의 핫 키워드와 이슈 모르면 주식 대박 힘들다 저자 서울공대OB주식연구회 / 19,500
309	핀테크 관련 최대수혜주의 핫 키워드와 이슈 모르면 주식 대박 힘들다 저자 서울공대OB주식연구회 / 19,500
310	9급 법원직 공무원시험 모르면 나만 떨어지는 마약 암기법 저자 최단시간공무원시험연구소 / 19,500
311	주택관리사 민법총칙 직장 다니며 공부하는 노하우와 최단시간 문제풀이법 저자 최단시간주택관리사시험연구소 / 19,500
312	신라젠 회사 취업을 위해 꼭 알아야 할 용어와 이슈 저자 비피기술거래 / 19,500
313	7급 공무원 행정법 암기 노하우와 최단시간 문제풀이법 저자 최단시간공무원시험연구소 / 19,500
314	불황없는 엔젤산업 최대수혜주 핫 키워드와 이슈 모르면 주식 대박 힘들다 저자 비피기술거래 / 19,500
315	9급 공무원 행정학 암기 노하우와 최단시간 기출문제풀이법 저자 최단시간공무원시험연구소 / 19,500
316-1	[개정판] 삼성바이오로직스 취업을 위해 꼭 알아야 할 용어와 이슈 저자 비피기술거래 / 19,500
317	9급 공무원 행정학 모르면 나만 떨어지는 핵심 키워드 (인사편) 저자 최단시간공무원시험연구소 / 19,500
318	SK텔레콤 취업을 위해 꼭 알아야 할 용어와 이슈 저자 비피기술거래 / 19,500
319	토익 LC 고득점을 위해 헷갈리는 부분 정복하기_ 영국 호주식 발음 저자 최단시간토익시험연구소 / 19,500
320	공부의 신들이 말하는 변리사 시험 무조건 합격하는 법_ 주관식 시험 눈으로만 보면 망한다 저자 최단시간변리사시험연구소 / 19,500
321	4차 산업혁명의 핵심 스마트시티 최대 수혜주 핫 키워드와 이슈 모르면 주식 대박 힘들다 저자 서울공대OB주식연구회 / 19,500
322	대웅제약 취업을 위해 꼭 알아야 할 용어와 이슈 저자 비피기술거래 / 19,500
323	블록체인 플랫폼 최대수혜주 4대 기업과 핵심이슈 모르면 주식 대박 힘들다 저자 서울공대OB주식연구회 / 19,500
324	GC녹십자 취업을 위해 꼭 알아야 할 용어와 이슈 저자 비피기술거래 / 19,500
325	9급 법원직 공무원시험 민법총칙 직장 다니며 공부하는 노하우와 최단시간 문제풀이법 저자 최단시간공무원시험연구소 / 19,500
326	5G 시대 IOT 최대 수혜주 3대 기업과 핵심이슈 모르면 주식 대박 힘들다 저자 서울공대OB주식연구회 / 19,500
327	한국전력 취업을 위해 꼭 알아야 할 용어와 이슈 저자 비피기술거래 / 19,500
328	5급 공무원 2차 주관식시험 반드시 합격한다_ 서브노트 과연 필요한가 저자 최단시간공무원시험연구소 / 19,500
329	핀테크(FinTech)관련 산업 전망과 핵심기업 핫이슈 저자 비피기술거래 / 19,500
330	수능 일본어 한글 활용 단어장과 최단시간 암기법 저자 최단시간일본어연구회 / 19,500
331	유한양행 취업을 위해 꼭 알아야 할 용어와 이슈 저자 비피기술거래 / 19,500
332	미중 무역전쟁 최대수혜주 5대 기업과 핫이슈 모르면 주식 대박 힘들다 저자 서울공대OB주식연구회 / 19,500
333	종근당 취업을 위해 꼭 알아야 할 용어와 이슈 저자 비피기술거래 / 19,500
334	최단시간에 수능 이과 수학 풀려면 3단계법으로 하라 저자 최단시간수능시험연구회 / 19,500
335	현대자동차 취업을 위해 꼭 알아야 할 용어와 이슈 저자 비피기술거래 / 19,500
336	SK하이닉스 취업을 위해 꼭 알아야 할 용어와 이슈 저자 비피기술거래 / 19,500
337	교육서비스 관련 5대 기업과 핵심이슈 모르면 주식 대박 힘들다 저자 서울공대OB주식연구회 / 19,500
338	현대모비스 취업을 위해 꼭 알아야 할 용어와 이슈 저자 비피기술거래 / 19,500
339	4차 산업혁명 핵심분야 핫 키워드와 이슈 모르면 주식 대박 힘들다 저자 서울공대OB주식연구회 / 19,500
340	법원행시 주관식 시험 표출해야 합격한다_ 민법 점수 올리는 꿀팁 저자 최단시간법원행시연구회 / 19,500
341	4차 산업혁명 바이오, 에너지 분야 핫이슈 모르면 주식 대박 힘들다 저자 서울공대OB주식연구회 / 19,500
342	스마트팩토리 최대수혜주 2대 기업과 핫이슈 모르면 주식 대박 힘들다 저자 서울공대OB주식연구회 / 19,500
343	1인 미디어플랫폼 회사 취업을 위해 꼭 알아야 할 용어와 이슈 저자 비피기술거래 / 19,500
344	5G시대 이동통신 회사 취업을 위해 꼭 알아야 할 용어와 이슈 저자 비피기술거래 / 19,500
345	세무사 2차 시험 무조건 합격하는 법_ 눈으로만 보면 주관식 시험은 망한다 저자 최단시간세무사시험연구회 / 19,500
346	5G시대 미디어 콘텐츠 산업 핫 키워드와 이슈 모르면 주식 대박 힘들다 저자 서울공대OB주식연구회 / 19,500
347	보험계리사 2차 필수합격을 위한 공부법과 서브노트의 필요성 저자 최단시간보험계리사연구소 / 19,500
348	5G시대 통신장비업종 취업을 위해 꼭 알아야 할 용어와 이슈 저자 비피기술거래 / 19,500
349	최단시간에 주택관리사 회계원리 개념과 문제풀이 쉽게 정복하는 법 저자 최단시간주택관리사연구소 / 19,500
350	5G폰 부품업체 취업을 위해 꼭 알아야 할 용어와 이슈 저자 비피기술거래 / 19,500

BP Book List

351 日 반도체소재 수출규제에 따른 최대수혜주와 이슈 모르면 주식 대박 힘들다
저자 서울공대OB주식연구회 / 19,500

352 최단시간에 전산회계 1급 이론과 개념 정복하기
저자 최단시간전산회계연구회 / 19,500

353 5G시대 게임 산업 핫 키워드와 이슈 모르면 주식 대박 힘들다
저자 서울공대OB주식연구회 / 19,500

354 핀테크 관련 기업 취업을 위해 꼭 알아야 할 용어와 이슈
저자 비피기술거래 / 19,500

355 사회초년생을 위한 자산관리 필독서
저자 비피기술거래 / 19,500

356 엔젤산업 관련 기업 취업을 위해 꼭 알아야 할 용어와 이슈
저자 비피기술거래 / 19,500

357 스마트시티 관련 기업 취업을 위해 꼭 알아야 할 용어와 이슈
저자 비피기술거래 / 19,500

358 블록체인 플랫폼 기업 취업을 위해 꼭 알아야 할 용어와 이슈
저자 비피기술거래 / 19,500

359 IOT 관련 기업 취업을 위해 꼭 알아야 할 용어와 이슈
저자 비피기술거래 / 19,500

360 교육서비스 관련 기업 취업을 위해 꼭 알아야 할 용어와 이슈
저자 비피기술거래 / 19,500

361 4차 산업혁명 핵심분야 취업을 위해 꼭 알아야 할 용어와 이슈
저자 비피기술거래 / 19,500

362 4차 산업혁명 바이오, 에너지 분야 취업을 위해 꼭 알아야 할 용어와 이슈
저자 비피기술거래 / 19,500

363 스마트팩토리 관련 기업 취업을 위해 꼭 알아야 할 용어와 이슈
저자 비피기술거래 / 19,500

364 미디어, 콘텐츠 관련 기업 취업을 위해 꼭 알아야 할 용어와 이슈
저자 비피기술거래 / 19,500

365 경영지도사 2차 나만의 주관식 문제집을 만들어야 반드시 합격한다
저자 최단시간경영지도사연구회 / 19,500

366 제약 바이오 산업 최대수혜주 5개 기업과 이슈 모르면 주식 대박 힘들다
저자 서울공대OB주식연구회 / 19,500

367 아프리카 돼지열병 관련 7개 기업과 이슈 모르면 주식 대박 힘들다_
저자 서울공대OB주식연구회 / 19,500

368 日반도체소재 수출규제로 떠오르는 기업 취업을 위해 꼭 알아야 할 용어와 이슈
저자 비피기술거래 / 19,500

369 게임 산업 관련 기업 취업을 위해 꼭 알아야 할 용어와 이슈
저자 비피기술거래 / 19,500

370 공인중개사 남들보다 하루라도 먼저 붙는 방법
저자 최단시간공인중개사연구회 / 19,500

371 네이버 취업을 위해 꼭 알아야 할 용어와 이슈
저자 비피기술거래 / 19,500

372 폴더블 스마트폰 시대 최대수혜주 5개 기업과 이슈 모르면 주식 대박 힘들다
저자 서울공대OB주식연구회 / 19,500

373 사회조사분석사 2급 필답형 핵심키워드 간단하게 외워 합격하기
저자 최단시간사조사연구회 / 19,500

374 제약 바이오 산업 관련 기업 취업을 위해 꼭 알아야 할 용어와 이슈
저자 비피기술거래 / 19,500

375 고령사회 실버산업 핫키워드와 이슈 모르면 주식 대박 힘들다
저자 서울공대OB주식연구회 / 19,500

376 개업공인중개사의 네트워크 활동을 통한 경영성과 향상방안
저자 이강복 / 23,000

377 한미약품 취업을 위해 꼭 알아야 할 용어와 이슈
저자 비피기술거래 / 19,500

378 영어 긴 문장도 듣고 말할 수 있는 직효 방법_ 유학준비생을 위한 책
저자 최단시간영어연구회 / 19,500

379 일동제약 취업을 위해 꼭 알아야 할 용어와 이슈
저자 비피기술거래 / 19,500

380 오픈뱅킹과 금융플랫폼 최대수혜주 기업과 이슈 모르면 주식 대박 힘들다
저자 서울공대OB주식연구회 / 19,500

381 행정고시 스트레스나 우울증 없이 쉽게 합격하는 법
저자 최단시간행정고시연구회 / 19,500

382 JW중외제약 취업을 위해 꼭 알아야 할 용어와 이슈
저자 비피기술거래 / 19,500

383 아프리카 돼지열병 관련 기업 취업을 위해 꼭 알아야 할 용어와 이슈
저자 비피기술거래 / 19,500

384 일본어 직청직해로 어휘의 범위를 넓혀라_ 일본 유학준비생을 위한 조언
저자 최단시간일본어연구회 / 19,500

385 투자선호국 1위 베트남 진출 최대수혜주 기업과 이슈 모르면 주식 대박 힘들다
저자 서울공대OB주식연구회 / 19,500

386 폴더블 스마트폰 관련 기업 취업을 위해 꼭 알아야 할 용어와 이슈
저자 비피기술거래 / 19,500

387 이차전지 최대수혜주 5개 기업과 이슈 모르면 주식 대박 힘들다
저자 서울공대OB주식연구회 / 19,500

388 OLED 디스플레이 최대수혜주 7개 기업과 이슈 모르면 주식 대박 힘들다
저자 서울공대OB주식연구회 / 19,500

389 고령사회 실버산업 관련 기업 취업을 위해 꼭 알아야 할 용어와 이슈
저자 비피기술거래 / 19,500

390 자동화시대 정보보안산업 최대수혜주 6개 기업과 이슈 모르면 주식 대박 힘들다
저자 서울공대OB주식연구회 / 19,500

391 신참법조인(변호사, 법무사, 행정사)이 개업 전 전문서적 읽고 정보 습득하는 법
저자 법조연구회 / 19,500

392 급변하는 새로운 금융플랫폼 관련 기업 취업을 위해 알아야 할 용어와 이슈
저자 비피기술거래 / 19,500

393 인플루언서 마케팅 관련 핫 키워드와 이슈 모르면 주식 대박 힘들다
저자 서울공대OB주식연구회 / 19,500

394 비법예문 500가지로 수능 일본어 단어 2달 안에 다 외우기
저자 최단시간일본어연구회 / 19,500

395 2020년 대세 멀티카메라 최대수혜주 5개 기업과 이슈 모르면 주식 대박 힘들다
저자 서울공대OB주식연구회 / 19,500

396 행정사 시험의 시작부터 합격 후의 모든 것 Q_A 가이드
저자 법조연구회 / 19,500

397 신참법조인(변호사, 법무사, 행정사)을 위한 바이오 분야 이슈 및 용어 필독서
저자 법조연구회 / 19,500

398 법조인(변호사, 법무사, 행정사)이 강의 할 때 실수하는 32가지 사례 분석
저자 법조연구회 / 19,500

399 법조인(변호사, 법무사, 행정사)의 영업 전략
저자 법조연구회 / 19,500

400 미세먼지 재난 최대수혜주 6개 기업과 이슈 모르면 주식 대박 힘들다
저자 서울공대OB주식연구회 / 19,500

BP Book List

401 어때요 재수삼수로 의대 들어가기 (20년 3월판)
저자 의대입시연구회 / 19,500

402 베트남 진출 기업 취업을 위해 꼭 알아야 할 용어와 이슈
저자 비피기술거래 / 19,500

403 발포제 산업 최대수혜주 5개 기업과 이슈 모르면 주식 대박 힘들다
저자 서울공대OB주식연구회 / 19,500

404 화장품 산업 최대수혜주 4개 기업과 이슈 모르면 주식 대박 힘들다
저자 비피기술거래 / 19,500

405 법조인이 알아야 요기요 같은 배달배송업의 실태와 미래성
저자 법조연구회 / 19,500

406 한한령 해제 최대수혜주 5개 기업과 이슈 모르면 주식 대박 힘들다
저자 서울공대OB주식연구회 / 19,500

407 다문화 가족이 꼭 알고 있어야 손해 보지 않는 노동법
저자 법조연구회 / 19,500

408 재수삼수로 의대가기_ 수학도 결국 외운 것만 실력을 발휘한다
저자 의대입시연구회 / 19,500

409 차세대 디스플레이 관련 기업 취업을 위해 꼭 알아야 할 용어와 이슈
저자 비피기술거래 / 19,500

410 재수삼수로 의대가기_ 수학도 결국 외운 것만 실력을 발휘한다
저자 의대입시연구회 / 19,500

411 담배소매인 지정을 준비하는 사장님들이 꼭 알고 있어야 할 담배사업법
저자 법조연구회 / 19,500

412 신종 코로나바이러스 최대수혜주 6개 기업과 이슈 모르면 주식 대박 힘들다
저자 서울공대OB주식연구회 / 19,500

413 영업이 힘든 법조인을 위한 심리 위안서_ 그래도 법조인이 제일 낫다
저자 법조연구회 / 19,500

414 정보보안산업 관련 기업 취업을 위해 꼭 알아야 할 용어와 이슈
저자 비피기술거래 / 19,500

415 에너지 산업과 이차전지 관련 기업 취업을 위해 꼭 알아야 할 용어와 이슈
저자 비피기술거래 / 19,500

416 수제초콜릿 사업과 부업에 대한 가이드
저자 경제경영연구회 / 19,500

417 멀티카메라 관련 기업 취업을 위해 꼭 알아야 할 용어와 이슈
저자 비피기술거래 / 19,500

418 트렌디 마케팅 관련 기업 취업을 위해 꼭 알아야 할 용어와 이슈
저자 비피기술거래 / 19,500

419 어설퍼도 소설책이 될 만한 이북과 웹소설 빨리 쓰기 노하우
저자 컨텐츠연구회 / 19,500

420 셰일가스(Shale Gas) 최대수혜주 5개 기업과 이슈 모르면 주식 대박 힘들다
저자 서울공대OB주식연구회 / 19,500

421 1급 발암물질 미세먼지 관련 기업 취업을 위해 꼭 알아야 할 용어와 이슈
저자 비피기술거래 / 19,500

422 MLCC 최대수혜주 5개 기업과 이슈 모르면 주식 대박 힘들다
저자 서울공대OB주식연구회 / 19,500

423 기초산업소재 발포제 관련 기업 취업을 위해 꼭 알아야 할 용어와 이슈
저자 비피기술거래 / 19,500

424 코로나19 백신 개발 최대수혜주 5개 기업과 이슈 모르면 주식 대박 힘들다
저자 서울공대OB주식연구회 / 19,500

425 K뷰티 화장품 산업 관련 기업 취업을 위해 꼭 알아야 할 용어와 이슈
저자 비피기술거래 / 19,500

426 탁구장 사업의 전망과 개업을 위한 사업계획 가이드
저자 경제경영연구회 / 19,500

427 대중 수출 회복 관련 기업 취업을 위해 꼭 알아야 할 용어와 이슈
저자 비피기술거래 / 19,500

428 동호인 테니스 승리의 절대 정신 조건_ 집중력
저자 박기혁 / 19,500

429 코로나19 확산이 반도체 산업에 미치는 영향 및 고찰
저자 비피기술거래 / 19,500

430 코로나19 관련 기업 취업을 위해 꼭 알아야 할 용어와 이슈
저자 비피기술거래 / 19,500

431 개업 세무사의 경영판단 훈련_ 거절이나 승낙하기 애매한 제안에 대한 대처법
저자 세무업연구회 / 19,500

432 금융위기, 리츠(REITs) 최대수혜주 5개 기업과 이슈 모르면 주식 대박 힘들다
저자 서울공대OB주식연구회 / 19,500

433 사용후핵연료 처리기술 연구개발 동향
저자 비피기술거래 / 60,000

434 공실 상가주를 위한 해법_ 깔세, 임시세로 공실 해소하기
저자 경제경영연구회 / 19,500

435 코로나19 확산이 정유업계에 미치는 영향 및 고찰
저자 비피기술거래 / 19,500

436 BP와 함께 하는 에너지소비효율등급표시제도 가이드
저자 비피기술거래 / 25,000

437 코로나19 백신 관련 기업 취업을 위해 꼭 알아야 할 용어와 이슈
저자 비피기술거래 / 19,500

438 BP와 함께 하는 친환경농수산물 인증 취득 가이드
저자 비피기술거래 / 25,000

439 행정사와 경영지도사를 위한 BP와 함께 인증사업으로 수익 올리기
저자 비피기술거래 / 19,500

440 BP와 함께 하는 지능형건축물 인증 취득 가이드
저자 비피기술거래 / 25,000

441 BP와 함께 하는 품질경쟁력 우수기업 인증 취득 가이드
저자 비피기술거래 / 25,000

442 BP와 함께 하는 GR마크(우수재활용제품인증마크) 취득 가이드
저자 비피기술거래 / 25,000

443 BP와 함께 하는 위생안전기준 인증 취득 가이드
저자 비피기술거래 / 25,000

444 리츠(REITs) 관련 기업 취업을 위해 꼭 알아야 할 용어와 이슈
저자 비피기술거래 / 19,500

445 행정사, 경영, 기술지도사 실무를 위한 저공해자동차 인증 취득 가이드
저자 한국기술인증협회 / 25,000

446 행정사, 경영, 기술지도사 실무를 위한 방재신기술 인증 취득 가이드
저자 한국기술인증협회 / 25,000

447 행정 정책 공무원이 알아야 할 코로나 후 사회의 변화 모습과 대책
저자 비피기술거래 / 19,500

448 행정사, 경영, 기술지도사 실무를 위한 1등급 의료기기 인증 취득 가이드
저자 한국기술인증협회 / 25,000

449 행정사, 경영, 기술지도사 실무를 위한 전통식품품질 인증 취득 가이드
저자 한국기술인증협회 / 25,000

450 학원강사와 은퇴자들이여 인증관리사로 제2의 인생을 살아라
저자 한국기술인증협회 / 19,500

BP Book List

451 관세사의 영업 전략_ 인증대행 세미나와 네트워크
저자 한국기술인증협회 / 19,500

452 행정사, 경영, 기술지도사 실무를 위한 웹 접근성 품질인증 취득 가이드
저자 한국기술인증협회 / 25,000

453 행정사, 경영, 기술지도사 실무를 위한 소프트웨어(프로세스)품질인증 취득 가이드
저자 한국기술인증협회 / 25,000

454 동호인 테니스 허리, 무릎 다치지 않고 오래 치게 관리하는 법
저자 박기혁 / 19,500

455 경영, 기술지도사, 행정사 실무를 위한 유기가공식품 인증 취득 가이드
저자 한국기술인증협회 / 25,000

456 4050 여성 다이어트 비법_ 음식 안 남기고 다 먹으려는 생각을 버려라
저자 비피생활문화연구소 / 19,500

457 경영, 기술지도사, 행정사 실무를 위한 농산물우수관리(GAP)인증 취득 가이드
저자 한국기술인증협회 / 25,000

458 상가 공실 임대주를 위한 코로나 후 변화한 사회에 대한 대응책
저자 비피기술거래 / 19,500

459 아무 주식이나 사도 오르던 20년 5월의 증시와 경제 의미 분석
저자 증권투자법조인클럽 / 19,500

460 경영, 기술지도사, 행정사 실무를 위한 어린이제품안전인증 취득 가이드
저자 한국기술인증협회 / 25,000

461 경영, 기술지도사, 행정사 실무를 위한 HACCP 인증 취득 가이드
저자 한국기술인증협회 / 25,000

462 화장품 사업자를 위한 포스트 코로나 시대에서 살아남는 법
저자 비피기술거래 / 19,500

463 경영, 기술지도사, 행정사 실무를 위한 환경성표지(EPD)인증 취득 가이드
저자 한국기술인증협회 / 25,000

464 포스트 코로나 시대에 유튜버와 컨텐츠 사업자가 나아갈 길은 어디인가
저자 비피기술거래 / 19,500

465 경영, 기술지도사, 행정사 실무를 위한 LOHAS 인증 취득 가이드
저자 한국기술인증협회 / 25,000

466 포스트 코로나 시대 반도체 관련 기업 취업을 위한 용어와 이슈
저자 비피기술거래 / 19,500

467 경영지도사, 행정사 실무를 위한 녹색기업 지정제도 가이드
저자 한국기술인증협회 / 25,000

468 코로나19 이후 정유업계 기업 취업을 위한 용어와 이슈
저자 비피기술거래 / 19,500

469 기술지도사, 행정사 실무를 위한 정보보호제품 평가인증 취득 가이드
저자 한국기술인증협회 / 25,000

470 이공학엔지니어를 위한 다이어트_ 자기보상을 확실히 해줘라
저자 비피생활문화연구소 / 19,500

471 회생위원이 감수한 알기 쉬운 개인회생·파산
저자 변호사 김민규·김미현 / 19,500

472 경영지도사, 행정사 실무를 위한 환경교육프로그램 지정제도 가이드
저자 한국기술인증협회 / 25,000

473 기술지도사, 행정사 실무를 위한 녹색인증 취득 가이드
저자 한국기술인증협회 / 25,000

474 경영지도사, 행정사 실무를 위한 KS인증 취득 가이드
저자 한국기술인증협회 / 25,000

475 기술지도사, 행정사 실무를 위한 녹색건축 인증 취득 가이드
저자 한국기술인증협회 / 25,000

476 경영지도사, 행정사 실무를 위한 건축물 에너지효율등급인증 취득 가이드
저자 한국기술인증협회 / 25,000

477 기술지도사, 행정사 실무를 위한 토종가축 인정제도 가이드
저자 한국기술인증협회 / 25,000

478 경영지도사, 행정사 실무를 위한 우수물류기업 인증 취득 가이드
저자 한국기술인증협회 / 25,000

479 예비탐정(민간조사자)이 개업을 준비할 때 알아야 할 필수팁 모음집
저자 탐정업연구회 / 19,500

480 기술지도사, 행정사 실무를 위한 동물복지축산농장인증 취득 가이드
저자 한국기술인증협회 / 25,000

481 소방설비기사(기계분야) 하루라도 먼저 붙게 하는 암기책
저자 소방수험연구회 / 19,500

482 경영지도사, 행정사 실무를 위한 드론인증 취득 가이드
저자 한국기술인증협회 / 25,000

483 주택관리사 시설개론 하루라도 빨리 붙게 하는 비법책
저자 주택관리사시험연구회 / 19,500

484 기술지도사, 행정사 실무를 위한 수산물품질인증 취득 가이드
저자 한국기술인증협회 / 25,000

485 경영지도사, 행정사 실무를 위한 수산물 지리적표시제도 가이드
저자 한국기술인증협회 / 25,000

486 행정공무원, 의원보좌관이 알아야 할 이슈_ 공매도 행동주의 회사들과 니콜라 주식
저자 행정정책연구회 / 19,500

487 정책 및 지방공무원이 알아야 할 수소차와 수소경제 이야기
저자 행정정책연구회 / 19,500

488 증권투자자가 알면 좋은 포스트 코로나 시대의 삶과 백신 개발의 선두주자
저자 증권투자연구회 / 19,500

489 정책 지방공무원이 알아야 할 바이든 당선과 트럼프 패배가 가지는 의미
저자 행정정책연구회 / 19,500

490 일론머스크의 명언과 삶 그리고 약간의 프랑스어
저자 비피기술거래 / 19,500

491 동호인 테니스 공격적 결정발리의 핵_ 어깨가 들어가는 발리
저자 박기혁 / 19,500

492 맞춤형 화장품 조제관리사 교과서 술술 읽히고 암기되게 하는 책
저자 자격증수험연구회 / 19,500

493 은퇴자가 강의 스트레스 없이 완벽한 강의하는 법
저자 비피기술거래 / 19,500

494 전달력이 좋은 유튜브 강의법과 2차 수익모델 기부 받는 유튜브 이야기
저자 박감사 / 19,500

495 가솔린차에서 전기차로의 대전환과 관련한 부품회사 직원 교육법
저자 기술튜터토니 / 19,500

496 특성화고 강사 교사가 모터를 재미있게 잘 강의하는 법
저자 기술튜터토니 / 19,500

497 반도체 지식이 부족한 반도체 관련 회사 일반직원을 교육시키는 법
저자 기술튜터토니 / 19,500

498 섬유공학 패션의류 교강사가 강의를 효율적으로 재미있게 하는 법
저자 기술튜터토니 / 19,500

499 회사원이나 공무원이 행정사 1차 객관식 시험 합격하는 방법
저자 행정사시험연구회 / 19,500

500 공부시간이 부족한 기술고시 수험생을 위한 필승합격법
저자 기술고시수험연구회 / 19,500

501 셀트리온 그룹 주식 매수 전 알아야 할 용어와 이슈
저자 비피기술거래 / 19,500

502 제약 바이오산업 최대수혜주 기업과 이슈 동향 분석
저자 서울공대OB주식연구회 / 19,500

503 글로벌 친환경 정책 및 산업별 동향 분석
저자 비피기술거래 / 19,500

504 삼성전자 핫 키워드와 이슈 모르면 주식 대박 힘들다
저자 서울공대OB주식연구회 / 19,500

505 수소연료전지 시스템 구성에 필요한 BOP
저자 비피기술거래 / 60,000

506 반도체 핵심 삼성전자 취업을 위해 꼭 알아야 할 용어와 이슈
저자 비피기술거래 / 19,500

507 바이오 핵심 셀트리온 그룹 취업을 위해 꼭 알아야 할 용어와 이슈
저자 비피기술거래 / 19,500

508 IT 게임업계 임직원을 위한 다이어트_ 심리학적 전략을 세워라
저자 비피생활문화연구소 / 19,500

509 감정평가사 합격 후 해야 할 일_ 전문서적 읽기와 영업론 파악
저자 감평사실무연구회 / 19,500

510 포스트 코로나 시대에 필요한 비대면 강의법
저자 비피기술거래 / 19,500

511 행정 정책 공무원이 알면 좋을 배달배송업의 현황과 미래
저자 비피기술거래 / 19,500

512 기술 행정 정책 공무원을 위한 반도체 관련 용어와 유래
저자 비피기술거래 / 19,500

513 가스기능사 필기시험 교과서 쉽고 빠르게 읽을 수 있는 법
저자 비피기술거래 / 19,500

514 의료인이 포스트 코로나 시대를 대비하여 알아야 할 사회 트렌드
저자 비피기술거래 / 19,500

515 동호인 탁구 관절 건강 지키며 즐겁게 오래 치는 법
저자 박기혁 / 19,500

516 취업난 속 인문대 졸업생에게 작사가를 추천하는 이유와 진입 가이드
저자 비피생활문화연구소 / 19,500

517 행정 정책 공무원이 알아둘 코로나로 인한 사회 변화와 코로나 백신
저자 비피기술거래 / 19,500

518 출판업 창업자를 위한 종이책과 이북 전자책에 대한 시장 분석과 가이드
저자 비피기술거래 / 19,500

519 자동차 관련 회사 임직원이 알면 좋을 미래에너지 수소와 수소차
저자 비피기술거래 / 19,500

520 상가 임대사업주의 공실 해결법_ 간판과 임시세 적극 활용하기
저자 비피기술거래 / 19,500

521 종교지도자가 숙지하면 좋을 코로나 후 우리 삶의 변화와 고찰
저자 비피기술거래 / 19,500

522 해외 주식 투자자는 이것을 알아야 한다_ 행동주의 공매도와 사례들
저자 서울공대OB주식연구회 / 19,500

523 의료인이 강의할 때 실수하는 사례 모음 및 강의 잘하는 법
저자 비피기술거래 / 19,500

524 신참법조인이 B급 전략을 안다면 개업에 성공할 수 있다
저자 법조연구회 / 19,500

525 담배소매업 개업 및 겸업 가이드와 Q_A
저자 비피기술거래 / 19,500

526 은퇴자가 증권투자를 해야 하는 이유 제시와 조언
저자 서울공대OB주식연구회 / 19,500

527 행정사 실무를 위한 전기용품 및 생활용품 안전관리법과 제도
저자 한국기술인증협회 / 25,000

528 공인중개사시험 의욕 부족한 사람 동기부여하여 합격하는 법
저자 자격증수험연구회 / 19,500

529 행정사 실무를 위한 환경측정기기 형식승인 정도검사 제도
저자 한국기술인증협회 / 25,000

530 골프 유망주가 무기력증과 우울감을 극복하여 성과 내게 도움주는 책
저자 비피교육연구소 / 19,500

531 국가과제 평가위원 활동 능숙하게 하는 법
저자 국가과제평가연구회 / 19,500